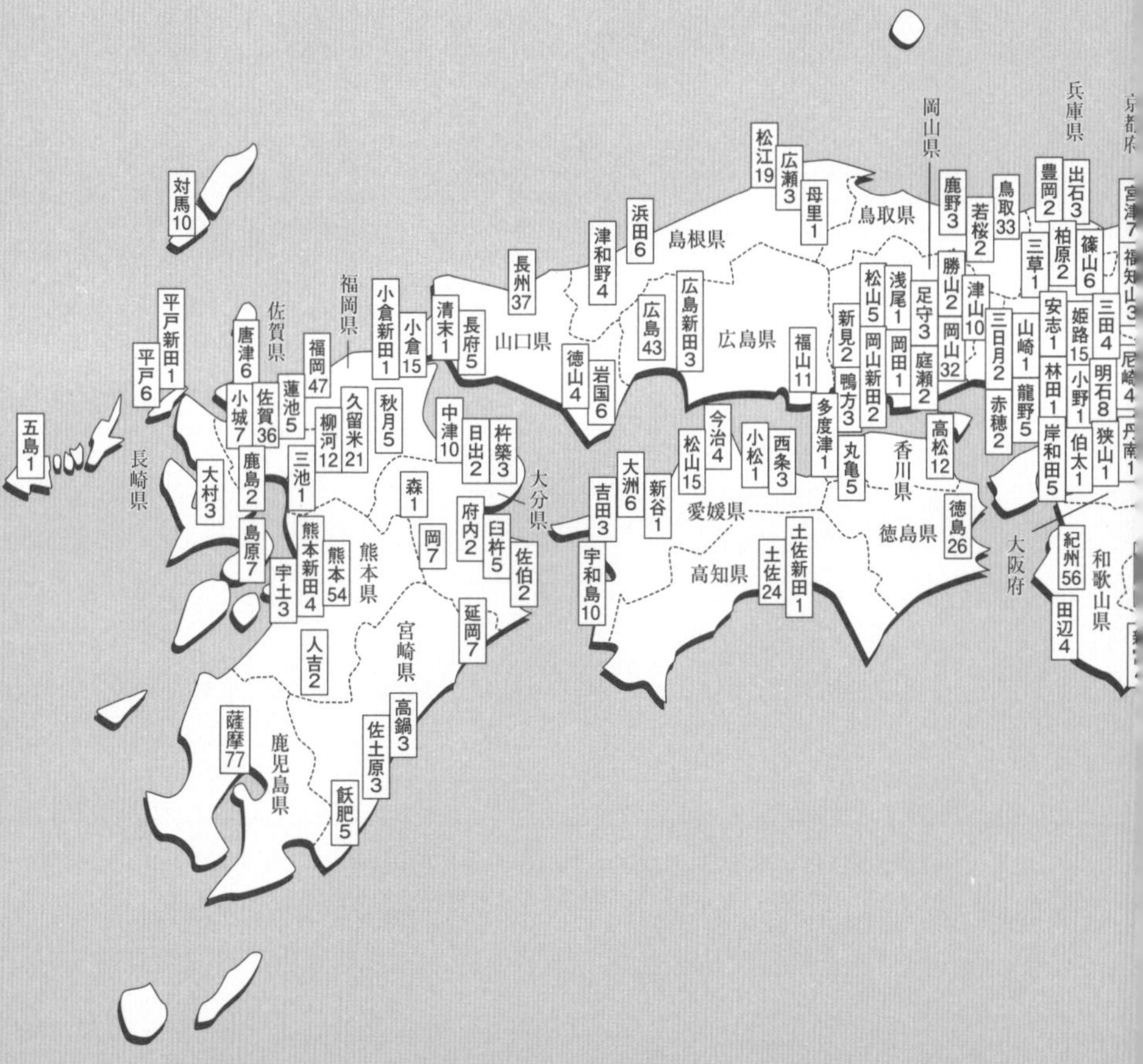

対馬10
五島1
平戸6
平戸新田1
長崎県
佐賀県
唐津6
小城7
佐賀36
蓮池5
鹿島2
大村3
島原7
三池1
福岡県
福岡47
柳河12
久留米21
小倉新田1
小倉15
秋月5
清末1
長府5
長州37
山口県
中津10
日出2
杵築3
森1
大分県
府内2
臼杵5
岡7
佐伯2
熊本新田4
熊本54
熊本県
宇土3
人吉2
宮崎県
延岡7
高鍋3
佐土原3
飫肥5
薩摩77
鹿児島県
津和野4
浜田6
島根県
松江19
広瀬3
母里1
徳山4
岩国6
広島43
広島新田3
広島県
福山11
鳥取県
岡山県
鹿野3
若桜2
鳥取33
松山5
浅尾1
足守3
勝山2
津山10
新見2
岡山新田2
岡田1
庭瀬2
岡山32
鴨方3
多度津1
丸亀5
香川県
高松12
今治4
松山15
小松1
西条3
大洲6
新谷1
吉田3
宇和島10
愛媛県
土佐新田1
土佐24
高知県
徳島県
徳島26
兵庫県
豊岡2
出石3
柏原2
篠山6
三草1
安志1
姫路15
三田4
山崎1
三日月2
林田1
小野1
明石8
龍野5
赤穂2
岸和田5
伯太1
狭山1
大阪府
紀州56
和歌山県
田辺4

シリーズ藩物語

岡田藩

今津海・八幡浩二……著

現代書館

プロローグ

岡田藩物語

現在の岡山県は、旧国名で、備前《びぜん》・備中《びっちゅう》・美作《みまさか》の三カ国から成り立っている。かつての律令制下における行政区分では、前述の三カ国に、現在の広島県東部にあたる備後《びんご》を加えた四カ国を吉備国《きびのくに》と称しており、古くは『古事記』にもその名が記されている。

岡田藩のあった吉備地方は、古墳時代中期には、造山《つくりやま》古墳をはじめとする大規模な古墳が造られるなど、畿内《きない》や出雲《いずも》とも並ぶ大きな勢力が存在していたとの指摘もある。

歴史小説家の司馬遼太郎は、著書『歴史を紀行する』（桃太郎の末裔たちの国「岡山」）の中で、次のように綴っている。

吉備といわれていたむかしは、出雲が大和朝廷に対する隠然たる一敵国であったように、吉備国もまた一個の王朝のすがたをとっていたにちがいなかった。（中略）中国山脈で砂鉄を産したがために、武器、農具が多くつくられ、兵はつよく、土地ははやくからひらかれ、出雲とならんでいわゆる出雲民族の二大根拠地で

藩という公国

江戸時代、日本には千に近い独立公国があった

江戸時代。徳川将軍家の下に、全国に三百諸侯《しょこう》★の大名家があった。ほかに寺領や社領、知行所《ちぎょうしょ》★をもつ旗本領《はたもとりょう》などを加えると数え切れないほどの独立公国があった。そのうち諸侯を何々家《け》家中《かちゅう》と称していた。家中は主君を中心に家臣が忠誠を誓い、強い連帯感で結びついていた。家臣の下には足軽《あしがる》層《そう》★がおり、全体の軍事力の維持と領民の統制をしていたのである。その家中を藩と後世の史家は呼んだ。

江戸時代に何々藩と公称することはまれで、明治以降の使用が多い。それは近代からみた江戸時代の大名の領域や支配機構を総称する歴史用語として使われた。その独立公国たる藩にはそれぞれ個性的な藩風《はんぷう》と自立した政治・経済・文化があった。幕藩体制とは歴史学者伊東多三郎《いとうたさぶろう》★氏の視点だが、まさに将軍家の諸侯の統制と各藩の地方分権が巧く組み合わされていた、連邦でもない奇妙な封建的国家体制であった。

今日に生き続ける藩意識

明治維新から百五十年以上経っているのに、今

あり、その富強をもって大和に対抗していた。この点、岡山県は他県とはちがい、しにせが古すぎるほど古い。

ところで、岡田藩の歴史を語る上で避けて通れないのが水害との闘いである。高梁川《たかはしがわ》、小田川《おだがわ》をはじめとする複数の河川が域内を流れており、頻繁に水害に見舞われていた岡田。この水害との闘いは、現代に至ってもなお続いている。平成最悪の水害とも評された「平成三十年（二〇一八）七月豪雨（西日本豪雨）」の発生から早五年の月日が流れた今日、過去の歴史から未来の教訓を学ぶことの意義を再考すべきなのかもしれない。

「歴史」は、大きな〝流れ〟の中で理解することが重要だといわれる。そのため、本書では、岡田藩を一つの「点」として捉えるのではなく、岡田藩の拠点が置かれた備中地域の特性や日本全体の動向などを押さえながら、その中で、岡田藩がたどった大きな「歴史の流れ」を整理することを意識して執筆した。

岡田藩をめぐる研究はいまだ発展途上である。そのような中において、本書が岡田藩や備中という地域に興味・関心を持つきっかけとなれば幸いである。

でも日本人に藩意識があるのはなぜだろうか。明治四年(一八七一)七月、明治新政府は廃藩置県《はいはんちけん》★を断行した。県を置いて、支配機構を変革し、今までの藩意識を改めようとしたのである。ところが、今でも、「あの人は薩摩藩の出身だ」とか、「我らは会津藩の出身だ」と言う。それは侍出身だけでなく、藩領出身も指しており、藩意識が県民意識をうわまわっているところさえある。むしろ、今でも藩対抗の意識が地方の歴史文化を動かしている。そう考えると、江戸時代に育まれた藩民意識が現代人にどのような影響を与え続けているのかを考える必要があるだろう。それは地方に住む人々の運命共同体としての藩の理性が今でも生きている証拠ではないかと思う。

藩の理性は、藩風とか、藩是《はんぜ》とか、ひいては藩主の家風ともいうべき家訓などで表されていた。

〔稲川明雄（本シリーズ『長岡藩』筆者）〕

諸侯▼江戸時代の大名。

知行所▼江戸時代の旗本が知行として与えられた土地。

足軽層▼足軽・中間・小者など。

伊東多三郎▼近世藩政史研究家。東京大学史料編纂所教授を務めた。

廃藩置県▼幕藩体制を解体する明治政府の政治改革。廃藩により全国は三府三〇二県となった。同年末には統廃合により三府七二県となった。

シリーズ藩物語

岡田藩

目次

第三章　備中伊東氏十代の治世と領民の暮らし

備中伊東氏の藩政運営や先人たちの逸話などに触れ、岡田藩における〝日常〟を描く。

これも岡田

第一章 岡田藩の前史

岡田藩立藩前夜―― 戦国乱世における備中国の趨勢を探る。

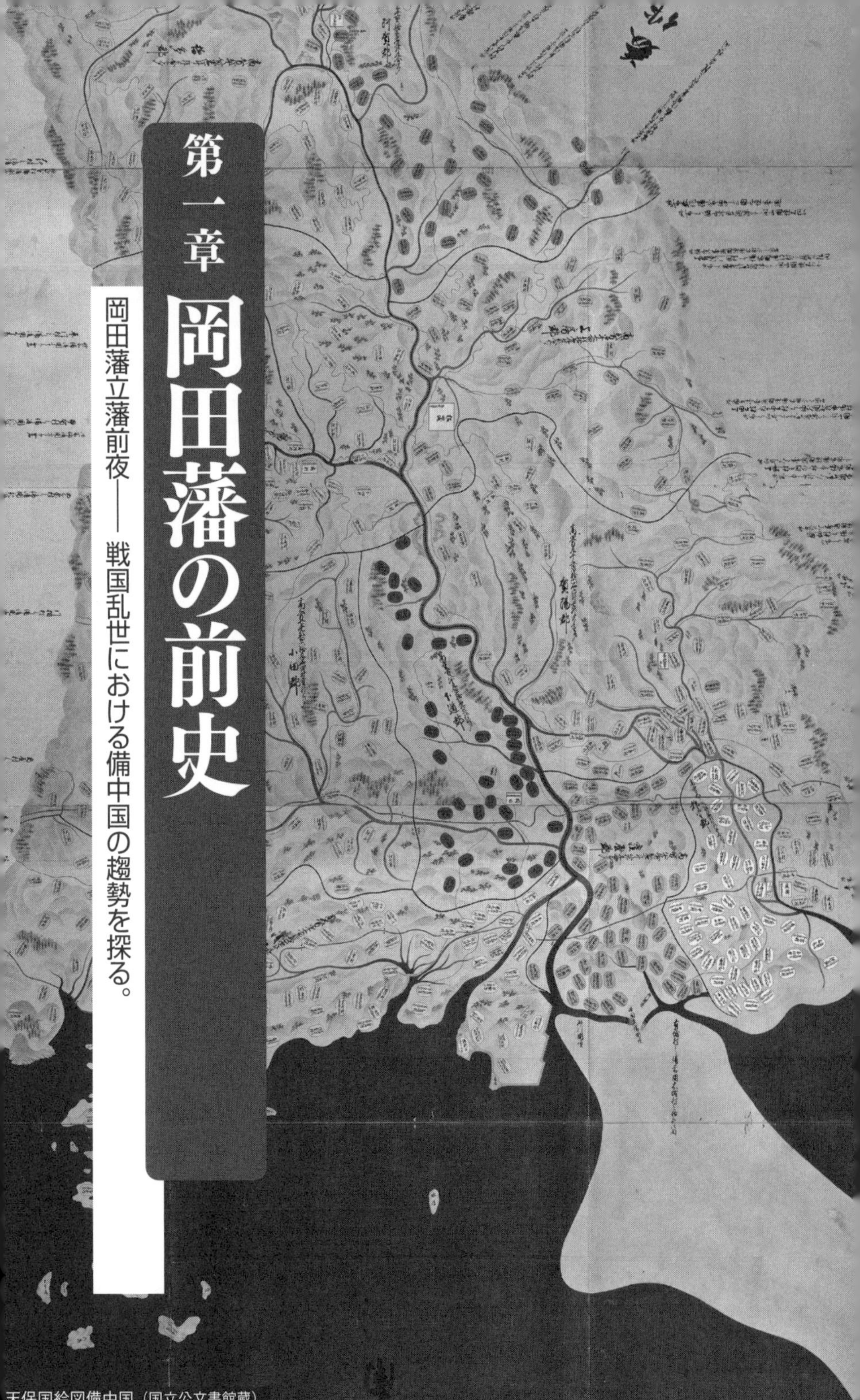

天保国絵図備中国（国立公文書館蔵）

① 中世における備中国の動向

中世の備中国は、細川氏、荘氏、石川氏など有力豪族らによる覇権争いが繰り広げられていた。群雄割拠の戦国時代には、三村氏、宇喜多氏、毛利氏による三つ巴の戦いが起こり、その戦いは、後に「備中兵乱」と称された。

黎明期の備中と武士による領国統治

岡田藩のあった備中国は、現在の岡山県西部に存在した地域であり、古くは吉《き》備《び》王国の一部として、そして、都宇《つう》・窪屋《くぼや》・賀陽《かや》（賀夜）・下道《かとう》・浅口《あさくち》・小田（小多）・後月《しつき》・哲多《てつた》・阿賀《あか》（英賀）の九郡★を有する旧山陽道沿いの上国★として栄えた土地である。七世紀後半、天武天皇の治世の頃に、当時の吉備国を分割する形で、備前・備中・備後が誕生したとされる。備中国の国府★の場所については、諸説あるものの、現在の岡山県総社市周辺に置かれていたとする説が有力とされている。

平安時代の末期、源 頼朝が率いる源氏勢力が台頭すると、源氏と対立していた平家勢力は、次第にその力を失い、頼朝は、政治の実権を手中に収めることとなる。そのような中、元暦元年（一一八四）には、頼朝傘下の武将で、源平合戦

▼九郡
鎌倉時代頃に、賀陽（賀夜）郡の北部を分割して上房郡が、下道郡の北部を分割して川上郡が新設され、合計十一郡を有することとなった。

▼上国
律令制下において、面積や人口などをもとに、諸国を「大」・「上」・「中」・「下」の四等級に分けたうちの、第二位の国のこと。

▼国府
諸国に置かれた役所、またその所在地のことを指す。国司が政務・儀礼を行う国庁、役所群、倉庫群、国司の館などからなる。

でも武功を挙げていた土肥実平《どひさねひら》★が、備前・備中・備後の三カ国の守護★に任命され、播磨・美作の二カ国は、梶原景時《かじわらかげとき》★が守護として統治することとなった。
さらに時代が下り、南北朝時代から室町時代にかけては、南《みなみ》氏、秋庭《あきば》氏、渋川《しぶかわ》氏など地元の有力豪族が代わる代わる守護の任についている。

細川氏の治世と備中国の争乱

明徳三年（一三九二）、室町幕府三代将軍足利義満の時世に、室町幕府管領家★の一つであった細川氏の流れを汲む細川満之が、備中国の守護に任命された。これ以降、備中国は細川氏（備中守護家）の世襲による統治が続くこととなる。しかしながら、細川氏による統治体制は盤石なものとは言い難く、当時、備中国内で勢力を強めていた荘《しょう》氏（庄氏）や石川《いしかわ》氏、三村《みむら》氏といったこの地域に拠点を置く有力国人たちの影響力が非常に強い状況にあった。

応仁元年（一四六七）、室町幕府管領家の畠山氏の一族であった畠山義就《はたけやまよしひろ》と、その従兄弟にあたる畠山政長《はたけやままさなが》の両者が、京都の御霊神社《ごりょうじんじゃ》（上御霊神社）で干戈《かんか》を交えた（御霊合戦）。この御霊合戦をきっかけとして、歴史の大きな転換点となる応仁・文明の乱が勃発すると、各地の守護大名★や有力国人たちの動きも慌ただしさを増していく。当初、京都を中心に繰り広げられていた戦闘は、次第に周辺地

伝源頼朝像模本（東京国立博物館蔵
出典 ColBase https ://colbase.nich.go.jp/）

▼土肥実平
土肥実平は、もともとは桓武平氏の流れを汲む家系に生まれたが、頼朝の挙兵に呼応して、石橋山の合戦や奥州合戦などで武勲を上げたとされる。

▼守護
各地の統制のために、国単位で設置した地方官のこと。

▼梶原景時
梶原景時は、源頼朝に仕えた武将で、頼朝の死後、他の有力御家人らとの内部闘争により幕府を追放された。

域へと拡大していき、備中国もその戦乱の渦中に巻き込まれていく。

応仁元年から文明元年（一四六九）にかけて、備中国新見荘《にいみのしょう》（現・岡山県新見市の一部）において発生した土一揆（備中の土一揆）を大きな契機とし、延徳三年（一四九一）には、備中国内にあった猿掛城《さるかけじょう》の城主で、備中守護代★の荘《しょう》元資《もとすけ》が、備中守護であった細川勝久《ほそかわかつひさ》に反旗を翻す事件が発生した。この荘氏と備中守護細川氏との戦いは、後に「備中大合戦」と呼ばれることとなる。

〝荘元資、挙兵す〟の知らせを受け、京都に滞在していた細川勝久は、翌年の明応元年（一四九二）に軍勢を整えると、備中国へ兵を進め、荘元資と交戦した。

両者の戦いは、最終的に細川氏側の勝利に終わるが、この「備中大合戦」以降、備中守護細川氏の勢力は下降の一途をたどり、結果として、国人★勢力のさらなる台頭を許すこととなった。

余談だが、荘氏の居城であった猿掛城は、現在の岡山県倉敷市真備町妹と、岡山県小田郡矢掛町横谷の境界付近に位置していた山城であり、眼下には旧山陽道を望む交通の要衝であった。

このような性格を有していた猿掛城は、後述する「備中兵乱」の際にも、様々な勢力の狭間で揺れ動くこととなる。

▼管領家
室町幕府の職名で、将軍の補佐や政務の統轄などを行った。管領職は、細川氏・畠山氏・斯波氏の三家から選ばれたため、三管領とも呼ばれる。

▼守護大名
鎌倉時代に比べて、職権が拡大された室町時代の守護のこと。

▼守護代
守護に代わり、領国の実質的な管理などを行っていた者を守護代と呼ぶ。

▼国人
南北朝時代から戦国時代において、各地域内に基盤を持ち、その地域を支配した領主のこと。

御霊神社の前に立つ応仁の乱発祥の碑

荘氏の躍進と尼子氏の侵攻

備中大合戦の後、一時的に備中国の外へ逃れていた荘 元資であったが、周辺諸国の諸将の援助を受け、再び備中へ戻り、細川勝久と和睦を果たしている。元資の息子である荘《しょう》 為資《ためすけ》は、天文二年（一五三三）に、当時、上野氏の勢力下にあった備中松山城に進攻してこれを奪取。これ以降、為資は自身の居城を備中松山城に移し、猿掛城主には、同族であった荘《しょう》 実近《さねちか》（穂井田《ほいだ》実近）を配置している。

備中松山城攻めの後、荘氏は、小田・下道・上房《じょうぼう》（現・岡山県高梁市および加賀郡吉備中央町の一部）などの各郡を領有することとなり、備中国における最大勢力となった。この荘氏の躍進の背景には、当時、出雲地方（現・島根県東部地域）においてその勢力を振るい、美作、備中方面への影響力の拡大を図っていた尼子《あまご》氏の援助があったと考えられている。なお、荘氏の備中松山城攻めのわずか数年後、尼子氏の当主・尼子《あまご》晴久《はるひさ》が、軍勢を率いて美作・備中方面に進攻し、その大部分を手中に収めることとなる。

天文二十一年、室町幕府十三代将軍足利義輝は、尼子晴久を出雲・隠岐・伯耆《ほうき》・因幡《いなば》に加え、美作・備前・備中・備後の八カ国の守護に任じており、これによって尼子氏は、出雲地方だけでなく、吉備地方の覇権をも握ることとなる。

絹本着色尼子晴久像
（山口県立山口博物館蔵）

毛利氏の台頭と三村氏・宇喜多氏の対立

尼子氏が吉備地方への勢力拡大を図っていた頃、尼子氏の台頭に対抗する動きを見せたのが、現在の広島県西部、安芸国《あきのくに》を中心に勢力を拡大していた毛利氏であった。

当時、毛利氏を率いていた毛利元就《もうりもとなり》は、弘治三年（一五五七）、石見国（現・島根県西部地域）の大部分をその手中に収めると、永禄五年（一五六二）には、尼子氏の勢力下にあった出雲地方へと侵攻。一方の尼子方は、居城である月山富田《がっさんとだ》城《じょう》を中心に毛利氏との抗戦を続けていたが、永禄九年には、毛利氏の攻撃によって本拠・月山富田城が陥落。これにより、尼子氏の本流は事実上滅亡することとなった。

毛利氏が尼子氏との交戦を続けていた頃、備中国内では、尼子氏の力が徐々に衰えていることを察知した国人たちが、尼子氏に代わり、毛利氏への恭順の意を示し始めていた。

その中でも、毛利氏との強い結び付きを背景に勢力を伸ばしたのが、現在の岡山県井原市から高梁市周辺を拠点としていた三村氏であった。当時、備中国川上郡成羽《なりわ》（現・岡山県高梁市成羽町）の鶴首城《かくしゅじょう》（成羽城）に拠点を置いていた三村家《みむらいえ》

月山富田城跡から見た市街地

親《ちか》は、毛利方の先方として、天文二十二年（一五五三）に、荘氏の傘下にあった猿掛城へと進攻し、激戦の末、猿掛城を攻略している（猿掛山合戦）。さらに三村氏は、荘為資の息子である高資《たかすけ》が守っていた備中松山城にも侵攻し、高資を打ち破っている。この結果、毛利氏傘下の三村氏が、荘氏に代わり備中国における最大勢力となった。

永禄六年（一五六三）、三村家親は、備前国の船山城へと侵攻しこれを攻略。二年後の永禄八年には、美作地方の有力国人となっていた後藤氏の居城・三星城《みつぼしじょう》を攻め、備前および美作への勢力拡大を図った。これに対して、備前国で勢力を誇っていた浦上氏傘下の武将、宇喜多直家《うきたなおいえ》は、永禄九年、刺客を放って家親を暗殺。これをきっかけに、三村氏と宇喜多氏の全面衝突の火蓋が切って落とされることとなる。

備中兵乱と三村氏の衰退

家親の死後、三村家の当主となった三村元親は、永禄十年（一五六七）、軍勢を整えて備前国へ侵攻し、父・家親の仇である宇喜多直家と交戦。一方の宇喜多直家も、三村氏の侵攻に備えて防備を固めており、備前・明善寺城《みょうぜんじじょう》でこれを迎え撃った（明善寺合戦）。この明善寺合戦の結果は、数的有利にあった三村方が、宇喜多方に大敗を喫する形で幕を閉じた。これ以降、三村氏の勢力が失速する一方で、宇喜多氏の勢力は急速に拡大した。なお、明善寺合戦における三村氏の大敗は、後に、「明善寺崩れ」とも呼ばれるようになる。

天正二年（一五七四）、宇喜多直家は、毛利氏と事実上の同盟を結び、浦上氏から独立した一大勢力となった。対して、毛利氏の傘下にいた三村元親は、宇喜多氏に対する毛利氏の一連の対応を不服として、毛利氏からの離反を決め、当時、天下の覇権を掌握しつつあった織田信長に接近した。

三村氏の動きに危機感を抱いた毛利方は、大軍を率いて備中国に侵攻。天正三年には、三村元親が詰めていた備中松山城を制圧した。元親は、備中松山城が陥落する直前に城から脱出を図ったものの、備中松山城近くの松連寺《しょうれんじ》まで逃げたところで自身の運命を悟り、毛利方に使者を送った上で自刃している。元親は、武将であるとともに、詩歌にも造詣が深かったとされ、自刃に際して、複数の辞世の句を残している。その内の一首は次のような句であった。

人という　名をかる程や　末の露　消えてぞ帰る　本の雫に

【現代語訳】
所詮は、人の姿を借りて生きてきた露のようなものだ。たとえ私が死んで、その姿が消えてなくなってしまったとしても、もとの雫に戻るだけのことだ。

備中松山城落城後、毛利氏は三村氏ゆかりの諸城を次々に制圧し、これによって、三村氏の嫡系は途絶えることとなった。備中国における、三村氏、宇喜多氏、そして毛利氏による三つ巴の戦いは、後に「備中兵乱《びっちゅうひょうらん》」とも呼ばれた。

勢力の狭間に置かれた「備中」

ここでは、昨今、多様な分野で注目を集める「地政学」という観点をもとに、「備中」という地域の特性について考えてみたい。

「地政学」とは、地理学と政治学の両側面から、地域における特性などについて検討する学問であり、一般的には、国家の外交戦略や国際政治にかかわる分野で研究が進められてきた。

近年では、この「地政学」の視点を歴史学の分野に応用し、〝歴史の謎〟を紐解こうとする動きが盛んに見受けられる。

さて、先述した「備中大合戦」や「備中兵乱」の例を見てもわかる通り、中世における備中国は、巨大勢力による継続的な統治が行われていたとは言い難く、地方豪族などが激しくしのぎを削る前線地域となっていた。備中国を舞台とした合戦は、豊臣秀吉による「備中高松城の水攻め」をはじめ、例を挙げれば枚挙にいとまがない。「備中」という地域は、様々な勢力の狭間に置かれるという、ある種の〝地政学的な特徴〟を有していたのかもしれない。

ところで、江戸期における備中国には、広島藩や岡山藩のような大藩が置かれることはなく、幕府の直轄領や旗本領、そして、石高数万石余りの小藩が乱立する複雑な支配体制が敷かれていた。この内容については後の項目で詳しく触れるが、〝小藩乱立〟という複雑な支配体制が誕生した背景には、前述した備中国の〝地政学的な特徴〟が関係しているのではないだろうか。

残念ながら、筆者は地政学の専門家ではないため、あくまでも一個人の意見でしかないが、今後、「備中国」に関する地政学的研究が活発に行われ、その成果が社会に還元されることを大いに期待したい。

◆2 兵乱後の備中と織田・豊臣政権

天下の覇権をめぐる戦国三英傑の動向は、備中国にも多大なる影響を与えた。とりわけ、豊臣秀吉による「中国攻め」を契機として、秀吉に与していた宇喜多氏と安芸国を中心に勢力を拡大していた毛利氏との激戦が備前・備中・美作の各地域で繰り広げられた。

秀吉の中国侵攻と毛利氏・宇喜多氏の対立

ここでは、備中国内で多くの有力国人が勢力争いを繰り広げていた頃、中央の政局がどのような動きを見せていたのかについて簡単に整理しておきたい。

備中兵乱の最中、尾張地方（現・愛知県西部地域）を拠点として、全国にその名を轟かせていたのが、後に戦国の三英傑★の一人にも数えられる織田信長であった。

永禄三年（一五六〇）、桶狭間の戦いで、駿河・遠江の大大名であった今川義元を破ったのを皮切りに、天下統一へ向けた動きを加速させた信長は、元亀元年（一五七〇）に、姉川の戦いで浅井・朝倉の連合軍を撃破。その翌年には、寺社勢力として台頭していた比叡山延暦寺の焼き討ちを決行するなど、まさに破竹の勢いで進撃を続けていた。天正元年（一五七三）には、室町幕府十五代将軍足利義

▼戦国の三英傑
戦国時代に天下の覇権を握った、織田信長・豊臣秀吉・徳川家康の三名が「戦国の三英傑」と呼ばれる。

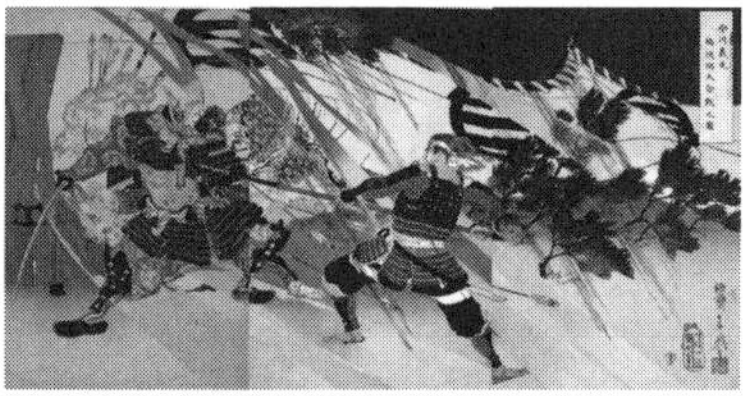

今川義元桶狭間大合戰之圖
（東京都立中央図書館蔵）

昭を京都から追放し、事実上、室町幕府を滅亡に追い込んでいる。

信長の快進撃は留まることを知らず、天正三年には、長篠の戦いで、戦国最強とも評された武田軍に大勝し、勢力圏をさらに拡大させた。翌、天正四年には、琵琶湖畔の安土山に、五層七重の天主を有する天下の居城、安土城を築城している。桶狭間の戦いからわずか二十年足らずで、信長は、尾張の一大名から、「天下人」に最も近い存在へと急成長を遂げた。まさに、信長〝我が世の春〟である。

天正五年、信長は、中国地方の毛利氏および宇喜多氏の勢力に対抗するため、傘下の武将・豊臣秀吉を中国地方に派遣している（中国攻め）。秀吉は、播磨国（現・兵庫県南西部）の姫路城を拠点に、宇喜多氏の勢力と交戦し、宇喜多勢力を播磨から撃退している。

天正七年、毛利氏に帰属していた宇喜多直家は、秀吉軍が備前国に迫ると、毛利氏を見限り秀吉に降った。これによって、毛利氏と宇喜多氏の対立は不可避の状況となり、天正八年から同九年にかけて、備前・備中・美作の各地域で、両勢力は激戦を繰り広げている。

本能寺の変と天下人・豊臣秀吉の躍進

天正八年（一五八〇）、信長はこの年、石山本願寺との対立を終結させ、本願寺の宗主顕如《けんにょ》と和睦。さらに、天正十年には、天目山の戦いで武田勝頼を破り、かつて戦国最強とまで謳われた武田氏を滅亡させ、まさに天下統一を目前に控えていた。

しかし、天正十年六月、日本の歴史の流れを大きく変える大事件が発生する。信長傘下の武将・明智光秀が、京都・本能寺に滞在中の信長を急襲した。戦国史上最大のクーデターにして、いまだ、数多くの〝謎〟に包まれている「本能寺の変」である。

本能寺の変が起こった時、秀吉は中国地方において、毛利氏の勢力下にあった備中高松城への攻撃を行っていた。

備中高松城は、備中国賀陽郡中島村（現・岡山県岡山市北区高松）に築かれた平城で、周囲を湿地帯に囲まれた天然の要害であった。築城時期などは定かでないものの、先述した「備中兵乱」の後は、毛利氏に与して戦った清水宗治《しみずむねはる》が城主を務めていた。

天正十年四月、秀吉は軍勢を整え、備中高松城周辺の毛利氏傘下の城を制圧した後、黒田孝高《くろだよしたか》（黒田官兵衛）、加藤清正《かとうきよまさ》、堀尾吉晴《ほりおよしはる》といった武将を備中高松城の周囲に布陣させ、自身は、石井山（現・岡山県岡山市北区立田）に本陣を敷いた。これにより、備中高松城は、秀吉方の軍勢に完全に包囲されることとなった。

しかしながら、天然の要害を備えた備中高松城は簡単には落城せず、秀吉は、黒田官兵衛らと戦略を練り、水攻めによる持久戦を展開した（備中高松城の水攻め）。
秀吉方の有利に進むかと思われた備中高松城攻めであったが、その最中、秀吉に〝信長横死〟の知らせが舞い込んだのである。

〝織田信長、明智光秀に討たれる〟の報を聞き、すぐさま毛利氏と講和を結んだ秀吉は、光秀討伐のため全軍を率いて京都へ取って返した（中国大返し）。本能寺の変の勃発からわずか数日後には、摂津国と山城国の境に位置する山崎（現・京都府乙訓郡大山崎町）の地で、明智軍と交戦しこれを撃破している（山崎の戦い）。

山崎の戦いの後、柴田勝家・丹羽長秀・豊臣秀吉ら織田家重臣は、織田家の後継者や領地の配分などについて協議するため、織田家の拠点であった尾張国清須城に参集した。世にいう「清洲会議」である。結果として、信長の嫡子織田信忠の息子で、秀吉が推挙した三法師（後の織田秀信）が織田家の家督を継ぐこととなり、秀吉自身も絶大な影響力を持つこととなった。この清洲会議を一つの契機とし、秀吉は名実ともに、〝信長の後継者〟として天下統一への道を歩み始めることとなる。

天正十一年以降、秀吉は毛利氏との間で中国地方の領地配分交渉を進め、結果として、備中国西部は毛利氏が領有し、備中国南東部の都宇《つう》・賀陽《かや》（賀夜）・窪《くぼ》屋《や》の三郡については、宇喜多氏の所領となった。

備中高松城水攻め築堤跡
（岡山県古代吉備文化センター提供）

豊臣政権の栄枯盛衰

清洲会議が行われた翌年、秀吉は、織田家古参の重鎮であった柴田勝家を賤ヶ岳の戦いで破り、自身の抵抗勢力の一掃を図ると、同年八月には、古くから交通の要衝として栄えていた摂津大坂の石山本願寺跡に、天下の居城大坂城を築城した。さらに、天正十三年（一五八五）に、朝廷から関白に奉じられた秀吉は、わずか数年の間に、四国や九州などの全国各地を立て続けに平定し、天正十八年には、かつての主君である信長も果たせなかった天下統一を実現させた。

しかしながら、秀吉の築いた豊臣政権は、わずか十五年足らずで、徳川氏にその座を明け渡すこととなる。

慶長三年（一五九八）八月、天下人・豊臣秀吉が死去すると、豊臣政権の中核は大きく揺らぐことになる。さらに、秀吉の二度にわたる朝鮮出兵（文禄・慶長の役）の影響もあり、豊臣政権の財政は、極めてひっ迫した状況にあった。

秀吉の死後、豊臣家の家督を継いだのは、わずか六歳の嫡男豊臣秀頼であった。秀吉亡き後、豊臣家臣団は次第にその結束力を弱めていき、六歳の主君が治める豊臣政権に、大きな暗雲が立ち込めることとなる。そのような中、自身の影響力を着実に強めていたのが、当時、五大老★の筆頭格となっていた徳川家康であった。

▼五大老
豊臣政権下における職名で、五奉行の顧問役を務めた。徳川家康のほか、前田利家・毛利輝元・小早川隆景・宇喜多秀家・上杉景勝がその職に就いており、小早川隆景の死後に五大老と呼ばれるようになった。

現在の清洲城

家康は、秀吉が生前に制定した、大名間の私的な婚姻を禁止するという取り決めを破り、自身の息子である松平忠輝と、伊達政宗の長女であった五郎八姫《いろはひめ》（天麟院）との縁談を進めるなど、有力諸大名との関係強化を図っていた。家康のこのような行動に対し、五奉行★の一人として豊臣政権を支えてきた石田三成は、中国地方の大大名・毛利輝元を盟主として、家康との対決姿勢を鮮明にした。

慶長五年、会津の上杉氏攻めの最中、石田三成らの挙兵を知らされた家康は、自身に従う福島正則、黒田長政、加藤清正などの名だたる武将を率いて、三成らの軍勢（西軍）と相対するため、西軍の主力が駐留していた美濃・関ヶ原（現・岐阜県不破郡関ヶ原町）へ進軍した。

慶長五年九月、徳川家康（東軍）と石田三成（西軍）は、関ヶ原の地でついに干戈を交え、ここに、豊臣家の命運と天下の覇権を掛けた「関ヶ原の戦い」の火蓋が切って落とされた。この天下分け目の戦いは、西軍に与していた小早川秀秋などの武将の寝返りも影響し、わずか数時間で勝敗が決することとなる。関ヶ原の戦いを制したのは、徳川家康が率いる東軍であった。

関ヶ原の戦いの後、石田三成をはじめ、西軍で指導的な立場を担っていた武将たちは厳罰に処されたほか、西軍に与した諸大名の多くが、改易（領地の没収）や減封（領地の削減）などの処分を受けた。その一方、徳川家康は、関ヶ原の戦いの勝利により、天下の覇権をほぼその手中に収めることとなった。

▼五奉行
豊臣政権下の職名で、政権の実質的な政務を担っていた。浅野長政・増田長盛・石田三成・前田玄以・長束正家の五名がその職に就いている。

③

豊臣家の滅亡と江戸幕府の成立

本能寺の変以降、破竹の勢いで天下統一を成し遂げた豊臣秀吉。しかし、秀吉が築いた豊臣政権は、わずか十五年足らずの短命政権に終わった。天下分け目の関ヶ原の戦いに勝利した徳川家康は、慶長八年に江戸幕府を開き、ここに、二百六十余年の長きにわたる徳川政権が誕生した。

征夷大将軍・徳川家康の誕生

関ヶ原の戦いからわずか三年後の慶長八年（一六〇三）二月、徳川家康は、時の後陽成《ごようぜい》天皇から征夷大将軍に任じられ、江戸に幕府を開いた。ここに、二百六十年以上の長きにわたる徳川政権の時代、「江戸時代」が幕を開けた。また、家康は室町時代における足利氏の例を参考に、幕府の将軍職を徳川氏の世襲とすることを全国の諸侯に示すため、慶長十年には、自ら将軍職を辞し、息子の徳川秀忠を二代将軍に就任させている。

将軍職を辞した家康は、現在の静岡県静岡市にあった駿府城★に入り、いわゆる「大御所《おおごしょ》」として、表向きは隠居の身となった。しかしながら、家康は隠居後も実質的な権力を握り続け、幕府の政策に大きな影響を与えていた。このことから、

現在の駿府城

▼駿府城
現在の静岡県静岡市に存在した城。徳川家康が築城し、将軍職を退いた後の隠居所とした。

家康が駿府に隠居してから亡くなるまでの約十年間を、俗に「駿府政権《すんぷせいけん》」時代と呼ぶこともある。

幕藩体制の確立

家康が江戸に幕府を開いて以降、豊臣氏は、摂津・河内・和泉の三カ国、およそ六十五万石を有する一大名の地位に甘んじていた。しかしながら、豊臣氏の威厳は依然として健在であり、秀頼へ恭順の意を示す全国の諸大名は数多く存在した。秀頼の存在は、成立したばかりの江戸幕府にとって大きな脅威であったのである。

慶長十九年（一六一四）、駿府城に隠居していた家康は、方広寺の鐘銘事件★を契機に、大坂城に詰めていた豊臣秀頼と戦火を交えた。世に言う、「大坂冬の陣」である。同年十二月に一度は和睦をした両者であったが、翌、慶長二十年、家康は再び大坂城を攻撃し、秀頼とその生母淀殿（淀君）を自害に追い込んでいる（大坂夏の陣）。これにより、豊臣氏は事実上滅亡し、名実ともに、徳川氏が天下を掌握することとなった。

大坂夏の陣の後、「元和偃武《げんなえんぶ》」を掲げた徳川政権は、諸大名の居城を一つに限る一国一城令や、大名を統制するための規則を定めた武家諸法度（元和令）を発

▼**鐘銘事件**
慶長十九年（一六一四）に再建された京都・方広寺にあった大仏殿の釣鐘の銘に、徳川家康が難くせをつけ、豊臣秀頼を開戦に追い込んだとされる事件。

布するなど、政権の基盤を固めていった。さらに、朝廷や公家に対しても、禁中並公家諸法度を発布し、公家勢力の統制を図るなど、幕府の権力強化策を立て続けに実施していった。

元和二年（一六一六）、江戸幕府初代将軍徳川家康は、その七十五年の生涯に幕を閉じ、現在は日光の地に東照大権現として祀られている。

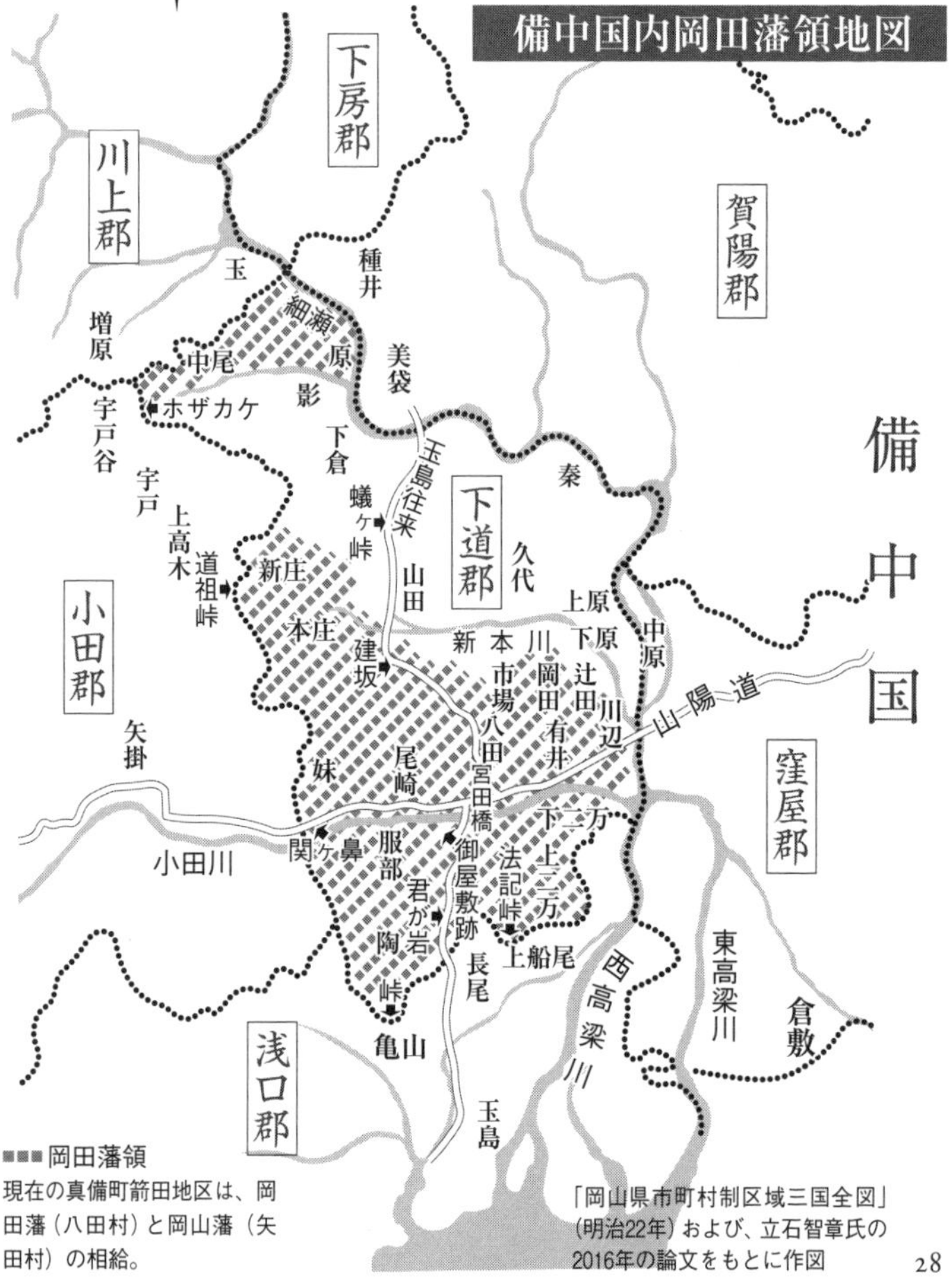

■■■岡田藩領
現在の真備町箭田地区は、岡田藩（八田村）と岡山藩（矢田村）の相給。

「岡山県市町村制区域三国全図」（明治22年）および、立石智章氏の2016年の論文をもとに作図

これも岡田

古代下道氏と箭田大塚古墳

吉備における古墳の分布状況や『古事記』、『日本書紀』、『国造本紀《こくぞうほんぎ》』といった文献史料から「古代吉備王国は、複数の権力者が共同統治を行う〝連合国家〟としての側面を有していたのではないか」との見解を示す考古学や古代史学の分野の研究者もいる。

このような中、古代吉備王国において絶大な権力を誇った一族の一つが下道《しもつみち》国造（下道臣）である。下道（臣）氏（下道氏）の本拠地は、備中国下道郡で、備中の一大河川である高梁川の以西（右岸）、小田川の下流域で岡田藩領に相当するエリアである。

下道氏が本拠を置いたとされるエリアには、古代山陽道（推定）北側を中心に、下道氏に所縁のある古墳や古代寺院などが点在している。

箭田大塚古墳（石室内部）

岡山県倉敷市真備町箭田《やた》に所在する「箭田大塚古墳」は、岡山県総社市のこうもり塚古墳や、岡山県岡山市北区の牟佐《むさ》大塚古墳とともに、岡山県下における三大巨石墳の一つとして知られている。箭田大塚古墳は丘陵の先端部に立地する直径四六メートルの円墳で、東南部に長さ五メートルの造り出しを周溝を巡らしている。箭田大塚古墳の内部構造の概略については、表で示す通りである。

副葬品としては、単鳳環頭大刀《たんほうかんとうたち》柄頭《つかがしら》や鉄鏃《てつぞく》などの武器類をはじめ、馬具や玉類、土師器《はじき》や須恵器《すえき》などが見られる。それらの出土遺物からみて、本古墳の築造時期は六世紀後半頃と考えられている。被葬者は、高梁川以西に勢力を有した首長で、下道国造（下道臣）一族の奥津城であろうと推測される。なお、本古墳は昭和四年（一九二九）十二月十七日に、国の史跡に指定された。

箭田大塚古墳の内部構造

石室の種類	横穴式石室（両袖式）
石室の規模	19.1メートル（全長）
玄室の長さ	8.4メートル
玄室の高さ	3.8メートル
玄室最大幅	3.0メートル
玄室の構造	奥壁には一枚の巨石を立て、両側壁は三段積み、天井石は四枚でそれぞれ構築されている

これも岡田

「二万大塚古墳」と迩磨郷の伝承

岡山県倉敷市真備町下二万《にま》に所在する「二万大塚古墳」は、真備町内を東西に流れる小田川に、南から流れ込む二万谷川が形成した谷間に位置している前方後円墳である。墳長（全長）は三八メートル、墳丘は二段築成で、北側のくびれ部分に「造り出し」を有している。本古墳は、岡山大学考古学研究室によって、平成十三年（二〇〇一）から平成十六年にかけて、四次にわたる発掘調査が実施されている。

調査の結果、後円部の南側に全長九・一メートルの横穴式石室（両袖式）が確認され、石室内からは土器（土師器《はじき》・須恵器《すえき》）、銅鏡（獣形鏡）、装身具（銅釧《どうくしろ》・耳環《じかん》・玉類）、武器（大刀・小刀・鉄鏃《てつぞく》など）、工具（刀子《とうす》・鉄釘・鉄）、馬具（轡《くつわ》・鐙《あぶみ》・雲珠《うず》・杏葉《ぎょうよう》・馬鈴《ばれい》など）といった多くの副葬品が出土している。また、「造り出し」部分からは円筒埴輪列、人物や家形といった形象埴輪、須恵器・手づくね土器などが発見され、当時の祭祀の状況が明らかになっている。

出土した遺物によって、本古墳は六世紀中頃に築造されたものとみられており、高梁川以西の備中地域では、最後の前方後円墳であろうと考えられている。

ところで、「二万」という地名は、延喜十四年（九一四）四月、式部大輔であった三善清行が醍醐天皇に上奏した『意見十二箇条（意見封事）』に出てくる。

『意見十二箇条』は、「備中介」として備中国の政務を取り仕切った三善清行が自身の経験をもとに、律令体制の問題点などを十二箇条にわたって論じた意見書である。この『意見十二箇条』の冒頭には、次のような記述がある。

臣、去にし寛平五年に備中介に任ず。かの国の下道郡に邇磨の郷有り。ここにかの国の風土記を見るに、皇極天皇の六年に、大唐将軍蘇定方、新羅の軍を率い百済を伐つ。……天皇筑紫に行幸したまひて、将に救の兵を出さむとす。……路に下道郡に宿したまふ。一郷を見るに戸邑甚だ盛なり。天皇詔を下し、試みにこの郷の軍士を徴したまふ。即ち勝兵二万人を得たり。天皇大いに悦びて、この邑を名けて二万郷と曰ふ。後に改めて邇磨郷と曰ふ。……天平神護年中に、右大臣吉備朝臣、大臣といふをもて本郡の大領を兼ねたり。試みにこの郷の戸口を計へしに、纔に課丁千九百余人有りき。貞観の初めに、故民部卿保則朝臣、かの国の介たりし時に、……大帳を計ふるの次でに、其の課丁を閲せしに、七十余人有りしのみ。清行任に到りて、またこの郷の戸口を閲せしに、老丁二人・正丁四人・中男三人有りしのみ。去にし延喜十一年に、かの国の介藤原公利、任満ちて都に帰りたりき。清行問ふ。「邇磨郷の戸口、当今幾何ぞ」と。公利答へて云く、「一人も有ること無し」と。……（『本朝文粋』）

【現代語訳】

私（三善清行）は、寛平五年（八九三）に備中介に就任したが、備中国の下道郡に「邇摩《にま》」という場所がある。備中国の風土記によれば、斉明天皇六年（六六〇）に、唐の将軍であった蘇定方が、朝鮮半島の新羅と手を結んで百済に攻め込んできたので、百済は日本に助けを求めてきた。これに対し、時の斉明天皇は、百済救援のために、軍を率いて九州・筑紫へと向かった。九州へ向かう道中、備中国下道郡に宿泊した斉明帝は、当地に多くの住宅が立ち並んでいたことから、勅命を出して新たな兵士を募った。その結果、屈強な二万名もの兵が集まったため、斉明帝は大いに喜んで、当地を「二万郷」と名付けた。その後に、「邇摩郷」と表記されるようになったとされる。天平神護年間（七六五～七六七）に、右大臣・吉備真備が当地の支配を兼任した時、人口を調査すると、課丁（課役を負担する男性）の人口は、一九〇〇名ほどであったという。さらに、貞観年間（八五九～八七七）の初めに、今は亡き、民部卿・藤原保則が備中介の任についていた際、戸籍などの帳簿を整理するにあたって、課丁の人口を調べたところ、七〇名程度しかいなかったとされている。そして、私が備中介となり、あらためて人口を調査したところ、老丁（六十一～六十五歳）人口が二名、正丁（二十一～六十歳）人口が四名、中男（十七～二十歳）人口が三名しかいなかった。延喜十一年（九一一）に藤原公利が任期を終えて帰京したので、私が、「今の邇摩郷の人口はどのくらいか？」と尋ねると、藤原公利は「一人もいない」と答えた。

二万大塚古墳

『意見十二箇条』の記述によれば、「二万」という地名は、「斉明天皇の命で〝二万人〟が徴兵された」ことに由来するものと伝えられている。しかし「二万」の地名の由来については、このほかにも様々な説が存在しており、真偽については定かではない。

なお余談ではあるが、『日本書紀』によると、二万大塚古墳が築造された六世紀半ばには、「磐井の乱」（五二七年）や「武蔵国造の乱」（五三四年）など各地で戦乱が発生していたとされる。時の斉明天皇が「二万の兵」を集めたように、二万大塚古墳の被葬者も、「二万の兵」を指揮して戦場を駆け巡っていたのだろうか。

時間に追われるのは現代人の性だが、たまには時間を忘れ、古代人の声なき声に耳を澄ましながら、古代史のロマンに浸るのもよいかもしれない。

これも岡田

備中の無形文化財
―備中神楽

「備中神楽」は、備中地方に伝わる民俗芸能の一つで、古くは「荒神神楽《こうじんかぐら》」とも呼ばれ、神職者によって舞われていた神事であった。

「荒神神楽」は各集落単位で、十二支が一周する十三年目、あるいはその中間の七年目などの節目ごとに行われていたとされる。ここでいう「荒神」とは、民間信仰における火や農耕を司る霊験あらたかな神であり、その性格は荒々しく、大変祟りやすい神であるとされる。そのため、荒神の魂を鎮めるために神楽が奉納されていた。

江戸時代後期になると、備中国にゆかりのある国学者西林国橋《にしばやしこっきょう》（西林要人とも呼ばれる）が『古事記』や『日本書紀』に描かれる「ヤマタノオロチ退治」、「天岩戸開《あまのいわとびら》き」、「大国主命の国譲り」などの日本神話と荒神神楽を融合させ、文化年間（一八〇四～一八一八）から文政年間（一八一八～一八三〇）にかけて、従来よりも芸能的な要素の強い「神代神楽《じんだいかぐら》」を創作した。

国橋が創作した神代神楽は、これまでの荒神神楽の伝統を残しつつ、庶民にも親しみやすい日本神話を演目として取り入れたことで、その人気が拡大していった。この一連の過程の中で、現在に伝わる備中神楽の基礎が築かれていった。

現在の「備中神楽」の中心的な位置を占める神代神楽には、先述の「ヤマタノオロチ退治」、「天岩戸開き」、「大国主命の国譲り」のほか、吉備津《きびつ》彦命《ひこのみこと》と鬼神温羅《うら》との闘いを描いた「吉備津《きびつ》」などの演目がある。

備中神楽
（総社市観光プロジェクト課提供）

なお、神楽の文化は山陰地方の出雲神楽や石見神楽をはじめ日本各地に残っているが、前述した「吉備津」の演目は、「備中神楽」特有のものであるとされる。

「備中神楽」は、その歴史的・文化的価値が評価され、昭和五十四年（一九七九）に国の重要無形民俗文化財にも指定され、現在でも季節の祭りをはじめとする地域行事の中で神楽が上演されるなど、地域の人々の生活の中にその文化が根付いている。

ところで、今日、全国各地において、民俗芸能や祭りなどの無形文化財の多くが、〝次世代への継承〟という大きな課題に直面している。少子高齢化に伴う担い手不足が深刻化している中、各種教育機関との連携や情報発信の推進、文化財の保全・活用を推進する団体などへの支援策の強化といった様々な対策が求められている。

「備中神楽」も、その伝統をどのようにして次の世代に引き継いでいくのかという大きなテーマについて、考える必要があるのかもしれない。

第二章 岡田藩の誕生

岡田藩立藩の経緯やその概要を紹介するとともに、同藩が有する地理的特性を紐解く。

「岡田藩趾」の石碑

①伊東氏の出自と岡田藩の立藩

伊豆国伊東荘を本拠としていた地方豪族・伊東氏は、藤原氏南家の流れを汲む工藤氏の一族であった。伊東氏の祖とも評される伊東家次以降、その一族は全国に広まり各地で勢力を誇っていた。このうち、織田信長や豊臣秀吉に仕えた伊東長久・長実親子が備中伊東氏の礎を築いた。

伊東氏の出自

ここでは、岡田藩主となる備中伊東氏の出自や伊東氏の武将たちの逸話などについて見ていきたい。

伊東氏は、平安時代末期から鎌倉時代にかけて、伊豆国田方郡伊東荘（現・静岡県伊東市付近）を本拠としていた地方豪族であり、藤原南家★の流れを汲む工藤氏★の一族であるとされる。

伊東氏の祖とされる伊東家次《いえつぐ》（工藤祐隆《すけたか》、工藤家次《いえつぐ》とも呼ばれる）は、伊豆国の伊東・宇佐美・大見を合わせた久須見荘を本拠地としていた。家次は、嫡男であった祐家《すけいえ》を早くに亡くしていたことから、工藤祐継《すけつぐ》を養子に迎え、伊東・宇佐美の地を所領として与えていた。一方、早世した祐家の子である伊東祐親《すけちか》には河津

▼藤原南家
藤原不比等の長男藤原武智麻呂（ふじわらのむちまろ）を祖とする藤原四家の一つ。武智麻呂の邸宅が、弟である藤原房前（ふじわらのふささき）の邸宅の南にあったことから南家と呼ばれる。

▼工藤氏
平安時代中期に、藤原為憲が自身の官職であった「木工助」にちなみ、「工藤大夫」を号したことから、工藤氏とも呼ばれるようになった。

の地を与え、自身の領地を分割継承させていた。

しかし、祐親はこの状況を良しとはせず、祐継が亡くなった後にその領地を奪取している。この祐親の行動をきっかけに、伊東一族の間で泥沼の仇討合戦が繰り広げられることとなった。この一連の動きは、後に『曽我物語★』の中の一節、「曽我兄弟の仇討ち」として描かれ、江戸時代には、浄瑠璃や歌舞伎などの演目として、多くの人々の人気を集めることとなった。

なお余談ではあるが、この「曽我兄弟の仇討ち」は、「赤穂浪士の討入り」、「伊賀上野の仇討ち」と並び、日本三大仇討ちの一つとしても広く知られている。

伊東家次以降、伊東一族は日本全国に広まり、各地でその勢力を誇ったとされている。このうち、日向国《ひゅうがのくに》（現・宮崎県周辺）を本拠とした日向伊東氏の一派は、江戸時代に飫肥《おび》藩五万石の藩主となり、明治維新まで飫肥藩主を務めている。

また、日向伊東氏の流れを汲む一族は、天正十年（一五八二）に、大友宗麟、大村純忠、有馬晴信などのキリシタン大名がヨーロッパに派遣した天正遣欧使《てんしょうけんおうし》節《せつ》の一員として、時のローマ教皇グレゴリウス十三世に謁見した伊東マンショ（伊東祐益）のほか、明治時代に日本海軍の初代連合艦隊司令長官を務めた伊東祐《すけ》亨《ゆき》などを輩出していることでも知られている。

他方、尾張国岩倉（現・愛知県岩倉市付近）に移り住んだ、伊東祐親の流れを汲む一派が、後に備中国に所領を持ち、江戸時代に岡田藩主となる備中伊東氏（尾

助六所縁江戸桜
（東京都立中央図書館蔵）

▼曽我物語
作者不明の軍記物語。曽我兄弟の生い立ちから、富士の狩り場で、父の仇である工藤祐経を討つまでの様子を描いたもの。余談だが、歌舞伎を代表するキャラクター助六は、曽我兄弟の弟・曽我時致（曽我五郎）がモチーフになっている。

備中伊東氏を中心とした伊東氏の系譜

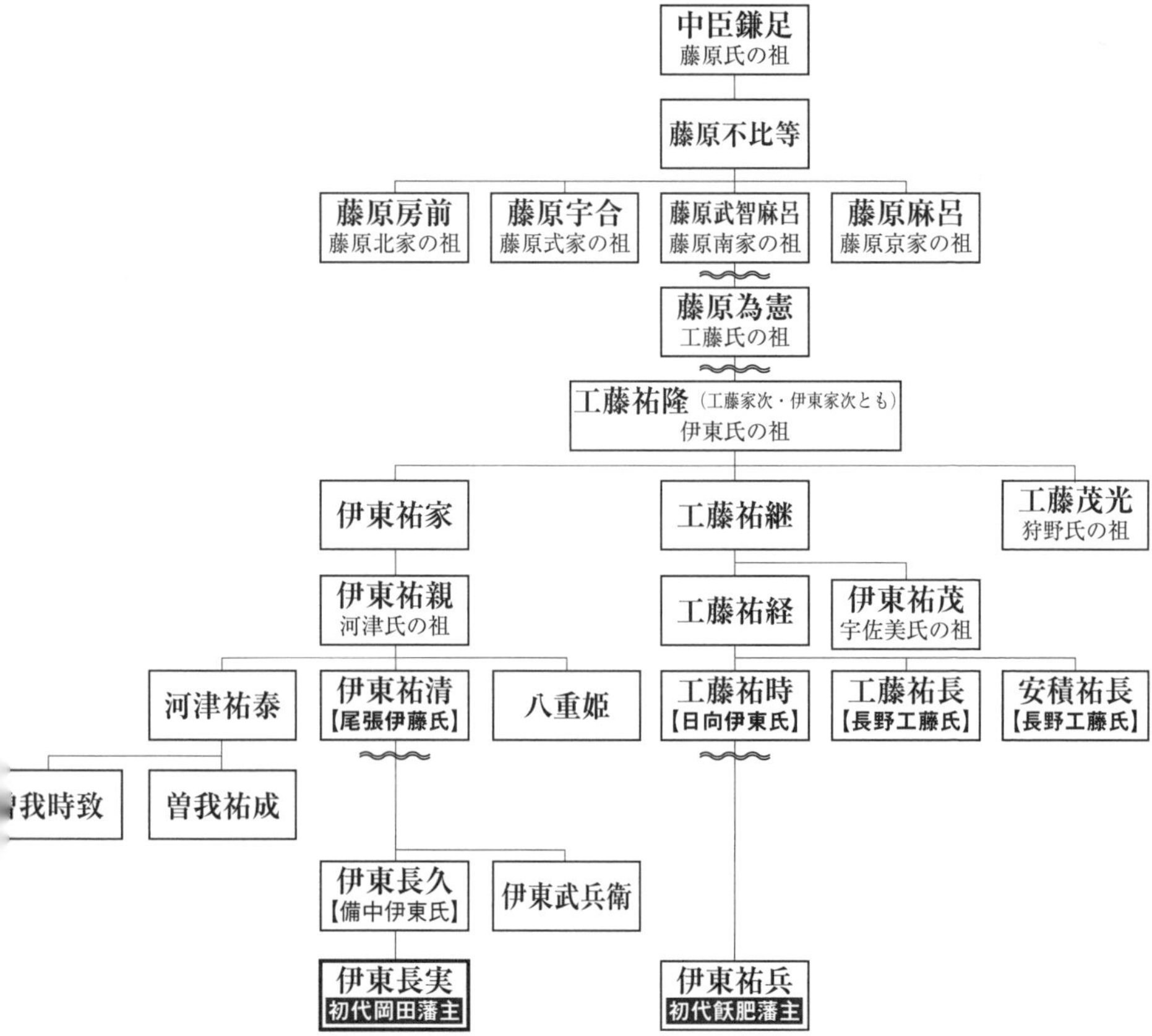

張伊東氏、河津氏とも呼ばれる）であるとされる。

なお、備中伊東氏と他の伊東一族との関係はかなり煩雑であるため、ここでは可能な限り簡単に整理しておきたい（図：「備中伊東氏を中心とした伊東氏の系譜」を参照）。

さて、尾張国岩倉を本拠とした伊東祐親の一派が、いかにして備中国に所領を持ち、江戸時代に岡田藩を立藩するに至ったのか。この謎を解くため、各地の英雄たちがしのぎを削った、群雄割拠の戦国時代まで時間を巻き戻し、その経緯をたどってみたい。

備中伊東氏宗家・伊東長久の武功

備中伊東氏宗家の初代とされる伊東長久《ながひさ》（伊東七蔵、伊東清蔵とも呼ばれる）は、群雄割拠の戦国時代において、尾張の大名織田信長に仕えたことで知られる。長久は大変武勇に優れており、信長からの信頼も厚かったという。

織田信長の一代記（伝記）としても有名な『信長公記』の記述によると、長久は槍の名手として、六人衆★と呼ばれる信長の側近の一人に抜擢されており、信長と長久は、かなり密接な関係であったことがうかがえる。

長久の武功について、『武家事紀』の記述によれば、天正元年（一五七三）に、

▼六人衆
太田牛一の『信長公記（首巻）』によれば、信長は弓矢と槍の名手を三名ずつ選び、彼らを「六人衆」と名付けて自身の側近にしたとされる。

織田信長と浅井長政《あざいながまさ》が戦った小谷城《おだにじょう》の戦いにおいて、長久は、刀や槍などの武器を持たずに戦闘に参加し、相手方の武将を討ち取る活躍を見せたとされる。また、別の戦いの際には、兜の代わりに「編笠」を被って戦ったことから、「編笠清蔵」の異名でも呼ばれたという逸話が残っている。

　長久は当初、「祐之」と名乗っていたが、戦闘での功績により、信長から「長」の一字を賜ったことを契機に、「長久」に改名したとされる。これ以降、「長」の字は、備中伊東氏の通字★となっている。また長久は、信長から、家紋として「伊《い》東稲妻《とういなづま》紋」を拝領しており、この家紋も代々受け継がれ、江戸時代以降も備中伊東氏の家紋として使用されている。

　なお余談ではあるが、伊東氏はもともと、藤原南家・工藤氏の流れを汲む一族であったことから、藤原氏の家紋である「木瓜紋《もっこうもん》」と「庵紋《いおりもん》」を掛け合わせた「庵木瓜紋《いおりもっこうもん》」を一族の家紋として使用しているほか、「九曜紋《くようもん》」なども家紋としていた。江戸時代に記された『寛政武鑑』によれば、備中伊東氏（岡田藩主家）の定紋（正式な家紋）は「伊東稲妻紋」、替紋（予備の家紋）は「九曜紋」および「庵木瓜紋」であるとの記載が見える。他方、同族でもある飫肥藩の日向伊東氏は、定紋として「九曜紋」を、替紋として「庵木瓜紋」を用いていたとされ、同じ一族でも状況に応じて複数の家紋を使い分けていたことがわかる。

　長久は、天正十年（一五八二）、本能寺の変で信長が暗殺された後は、信長家臣

▼通字
先祖から代々受け継がれ、名前に用いられる字のこと。

庵木瓜紋

伊東稲妻紋

団の中で大きな影響力を持っていた豊臣秀吉に仕えた。信長同様、秀吉も長久の武勇には一目置いており、家臣の中でも、長久を重用していたとされる。

長久は、天正十二年に、豊臣方と徳川方が相対した小牧・長久手の戦いにも参戦し、大きな武功を挙げたとされる。

天正十三年、この年、朝廷から関白に任じられた秀吉は、いまだ抵抗を続けていた佐々成政を討伐するため、成政の居城であった越中・富山城に侵攻（越中征討）。長久も豊臣方の武将として越中征討に従軍したが、その最中、志半ばで、陣中にて病没した。病没時の年齢については諸説あるものの、『岡田村史』の記述によれば、長久の享年は五十三歳であったとされる。

長久が陣中にて病没した際の秀吉の対応について、『岡田村史』には次のように記述されている。

秀吉深ク其死ヲ惜ミ陣中ノ士ヲシテ悉ク葬列ニ列セシメタリ

【現代語訳】

秀吉は、長久の死を非常に惜しみ、陣中にいたすべての臣下たちに、長久の葬儀に参列するよう命じた。

『岡田村史』のこの一節からも、長久が、秀吉にとって、まさに「余人をもって代えがたい」家臣の一人であったことがうかがえる。

なお、長久の死に関して、『岡田村史』および『真備町史』では、「陣中にて病没した」点については、『武家事紀』と同様の記載が見られるものの、『武家事紀』においては、長久は、天正十一年の「賤ヶ岳の戦い」に従軍し、加賀国（現・石川県）の小松の陣において病没したとされており、没年などの記載に違いが見られ、その詳細は定かではない。

藩祖・伊東長実と天下分け目の関ヶ原

伊東長実《ながざね》（伊東甚太郎）は、伊東長久の長男として、永禄三年（一五六〇）に尾張国に生を受けたとされる。長実の出生に関しては、弘治二年（一五五六）または、弘治三年とする文献もあり、生年の記載に差異が見られるものの、『真備町史』によれば、天正四年（一五七六）に、十七歳にして秀吉に仕えたとの記載があることから、永禄三年（一五六〇）説が有力と思われる。

天正十三年、関白となった秀吉は、四国の長宗我部氏、九州の島津氏など、全国の諸大名を相次いで降伏させ、全国統一の動きを加速させる。

天正十八年、秀吉は小田原の北条氏討伐（小田原征討）を決定し軍を進めたが、その際、長実も秀吉に従い、小田原征討に参加している。

現在の小田原城

『岡田村史』によれば、この小田原征討において、北条氏の拠点の一つであった山中城を攻撃した際、長実は一番に敵陣に乗り込み、大きな戦果を挙げたとされる。その功績により、長実は備中国の川辺を中心に石高一万石余りの所領を与えられ、秀吉に「大名」として取り立てられた。ここに、備中岡田藩の礎が築かれたのである。

慶長三年（一五九八）八月、秀吉がこの世を去ると、関東の大大名徳川家康がその勢力を徐々に拡大していった。これに対して、豊臣政権下で五奉行の地位にあった石田三成は、毛利氏ら有力大名と同盟を結び、家康勢力と対抗した。

慶長五年六月、会津の上杉氏を攻めるため、家康は軍を率いて会津へ出陣。一方の三成側も、家康打倒のための準備を着々と進めていた。

このような状況の中、長実は家康に対し、石田三成に謀反の動きがあることを密かに伝えていたとされ、同年七月、三成ら反徳川勢力（西軍）が挙兵すると、長実はいち早く、そのことを家康に密告したという。

同年九月、美濃・関ヶ原を舞台に、天下分け目の「関ヶ原の戦い」が繰り広げられ、結果として、家康率いる東軍がこの戦いに勝利する。

長実は、関ヶ原の戦いの際には、徳川方（東軍）として戦ったが、戦後は亡き関白秀吉の恩に報いるため、秀吉の忘れ形見である豊臣秀頼に臣従した。かつて、父である伊東長久が陣中にて病没した際、秀吉がその死を悼み手厚く葬ったことも、長実の脳裏に深く刻まれていたのかもしれない。

大坂の役と伊東氏の動向

関ヶ原の戦いに勝利した徳川家康は、慶長八年（一六〇三）に征夷大将軍に任じられ、江戸に幕府を開いた。しかしながら、亡き関白秀吉の子、豊臣秀頼は、依然として居城である大坂城に居り、豊臣家の権威は、いまだ衰えてはいなかった。古参の大名たちの信頼も厚かった。これに危機感を覚えた家康は、豊臣方への圧力を強め、ついに、慶長十九年十月、秀頼が立てこもる大坂城を攻撃した（大坂冬の陣）。

大坂冬の陣は、開戦からわずか二カ月後の慶長十九年十二月に、徳川方、豊臣方の双方が和睦したものの、翌、慶長二十年、家康は再び大坂城へ侵攻し（大坂夏の陣）、同年五月には大坂城を陥落させ、秀頼と淀殿を自害に追い込んだ。

伊東長実は、大坂冬の陣の開戦時は豊臣方に与し、大坂七手組★の一人として家康と敵対した。

大坂冬の陣の後、慶長二十年三月には、長実は豊臣方の使者として、家康のいた駿府へ派遣されている。しかし、そのわずか二カ月後には、大坂夏の陣が勃発し、奮戦空しく高野山へ落ち延びたとされる。

▼大坂七手組
秀吉によって結成され、秀吉と秀頼の二代にわたって仕えた旗本・馬廻衆の俗称。

ところで、大坂の役の後、豊臣方に与した諸大名はことごとく処罰された。例を挙げれば、四国の大名長宗我部盛親は、徳川方の勢力に捕らえられ処刑されているほか、秀頼の子豊臣国松は、わずか八歳にして斬首となっている。そのような中、高野山に落ち延びていた長実は、秀頼の死を聞いた後、自ら命を絶つことを決意し、家康傘下の武将、本多正信に検使★を願い出たとされる。これを聞いた家康は、関ヶ原の戦いの際の功績から、特例的に、長実に許しを与えている。

『真備町史』によれば、長実は当初、この家康の許しを受けることを拒んだが、長実に付き従っていた家臣たちがそれを強く諫めたため、最終的には、徳川氏への帰順を決意したとされている。

大坂の役の後、徳川氏に仕えることとなった長実は、備中国下道郡を中心とした石高一万石余りの所領を安堵され、外様大名として立藩に至る。

繰り返しになるが、大坂の役で豊臣方に与していた勢力の中で、徳川政権下においても一大名として存続した事例はほぼ皆無に等しい。備中伊東氏以外では、摂津麻田藩主となった青木氏の例があるのみである。このような点から考えても、家康の長実への対応は〝極めて異例〟であるといえるだろう。

家康が長実に対して許しを与えた理由についてはすでに述べた通りだが、家康の〝極めて異例〟な対応から、長実は、関ヶ原の戦い以前から、徳川方の密偵、すなわち〝スパイ〟として活動していたのではないかとする説も存在する。しか

▼検使
事実を見届けるために派遣される使者のこと。

しながら、その真相はいまだ謎に包まれている。

岡田藩の成立

すでに述べた通り、大坂夏の陣終結後の元和元年（一六一五）七月、伊東長実は、備中国下道郡のほか、美濃国・摂津国・河内国の各地域内に領地を与えられ、ここに、「岡田藩」が誕生した。

長実は、元和二年の三月に入封し、服部（現・岡山県倉敷市真備町服部）の地に、最初の陣屋（谷本陣屋）を構えた。なお、岡田藩の陣屋は、江戸期を通じて複数回移転されているが、これに関しては、「岡田藩の陣屋の変遷」の項目でその詳細を述べる。

さて、長実の入国以降、岡田藩は明治四年（一八七一）の廃藩置県に至るまで、伊東氏十代によって統治され、石高一万石余りの外様大名ながら、江戸初期から明治維新までの二百五十年以上の長きにわたり存続することとなる。

②岡田藩と周辺地域の概況

備中国下道郡を拠点に、石高一万石余りの外様大名として誕生した岡田藩。
その立藩の経緯や概略を整理するとともに、岡田藩を取り巻く情勢として、
商業の中心地として栄えた「倉敷」を含めた周辺地域の状況などを俯瞰する。

立藩の経緯

ここでは、これまで述べてきた岡田藩誕生の経緯などについて、あらためて整理しておきたい。

岡田藩は、豊臣氏傘下の武将であった伊東長実《ながざね》が、慶長二十年（一六一五）の大坂夏の陣の後に徳川氏に帰順し、元和元年（一六一五）七月、備中国下道郡・美濃国池田郡・摂津国豊島《てしま》郡・河内国高安郡の各地域内において、約一万石の所領を安堵され、外様大名として立藩した。

前章でも述べた通り、備中国は、中世においては、細川氏、毛利氏、宇喜多氏をはじめとする有力豪族らが、その覇権を握るべく衝突を繰り返していた。

織田・豊臣政権時代には、備中国の西部を毛利氏、東部を宇喜多氏がそれぞれ

統治していたが、慶長五年の関ヶ原の戦いの後、西軍に与していた毛利氏は、自身の所領の多くを没収された。これ以降、備中国は、石高数万石余りの小藩や旗本領などが乱立する形となっている。

岡田藩同様、備中国内に拠点（藩庁）を置く藩としては、備中松山藩（高梁藩）、新見藩、鴨方《かもがた》藩（岡山藩支藩）、生坂《いくさか》藩（岡山藩支藩）、成羽藩、西江原藩（宝永三年（一七〇六）に廃藩）、浅尾藩、庭瀬藩、足守藩などが存在したほか、福山藩、伊勢亀山藩、丹波亀山藩、麻田藩などの飛地も複数存在している。また、戸川氏、花房氏、水谷氏などの有力旗本の知行地のほか、御三卿★としても知られる一橋徳川家の領地や幕府の直轄地（天領）も多く存在した。

次項では、岡田藩を取り巻く情勢として、備中国における他領のうち、幕府の天領として栄えた倉敷地域について概観しておく。

江戸期における倉敷

備中国内における岡田藩領は、現在の行政区分で見ると、岡山県倉敷市および総社市の一部に相当する。江戸期の倉敷は、倉敷代官所領（天領）や岡田藩をはじめとする諸藩の領地、寺社領などが入り乱れ、備中国の中でも、とりわけ複雑な統治が行われていたといえる。

▼御三卿
徳川将軍家の親族であった、田安家・一橋家・清水家の三家のこと。尾張家、紀州家、水戸家からなる「御三家」同様、将軍家に後継ぎがいない際には、将軍家を継承する資格があった。

現在の倉敷市は、およそ四八万人の人口を有する岡山県下唯一の中核市★であり、備中地域における経済、商工業の中心地として発展している。

古代の倉敷地域一帯は、「吉備《きび》の穴海《あなうみ》」とも称される瀬戸内海の一部（浅海）であったが、中世から江戸時代にかけて、幾度にもわたり干拓工事が行われ、現在の倉敷平野が形成されてきた。この干拓地では、綿花などの栽培が盛んに行われ、地域の発展に大きな影響を与えたとされる。

現在の倉敷市中心部にあたる旧倉敷村は、江戸時代の初めに幕府領となって以降、庭瀬《にわせ》藩をはじめとする諸藩の領地に組み込まれるなど、領地の転換が繰り返されてきた。享保六年（一七二一）に再び幕府領となって以降は、幕末までほぼ一貫して、倉敷代官所を中心とする統治が行われていた。なお、倉敷地域における領主の変遷については、以下に示す通りである。

幕末動乱期においては、倉敷代官所が尊王攘夷派の志士らによる襲撃を受けるなど、多くの混乱を乗り越え、明治維新を迎えている（詳細については、第五章の「幕末動乱期における備中国および周辺地域の状況」の項目を参照）。

江戸期の倉敷地域、とりわけ、倉敷代官所を中心としたエリアには有力な町人たちが集まり、綿製品や油、酒、穀物など数多くの商品が売買され、備前・備中地域における商業の中心地として発展した。

先行研究によれば、江戸期の同地域における人口は、時代を経るごとに増加し

▼中核市
地方自治法の規定に基づいて指定される大都市制度の一つで、中核市に指定された都市では、都道府県から一部の事務権限が委譲される。令和四年四月時点で、全国で六二の都市が中核市に指定されている。

江戸期の倉敷地域（倉敷村）における領主の変遷

慶長５年（1600年）	幕府領
元和３年（1617年）	備中松山藩領
寛永19年（1642年）	幕府領
天和３年（1683年）	庭瀬藩領
元禄10年（1697年）	丹波亀山藩領
元禄15年（1702年）	幕府領
宝永７年（1710年）	駿河田中藩領
享保６年（1721年）	幕府領（以降、明治維新まで継続）

ていき、寛文十二年（一六七二）時点で「二五〇〇名」程度であった人口は、天保九年（一八三八）には、およそ「八〇〇〇名」にまで増加している。江戸期を通じて、人口が三倍以上にまで増加していることからも、当時の倉敷地域がいかに繁栄していたのかをうかがい知ることができる。

　また、倉敷は国内有数の繊維製品メーカーである「クラボウ（倉敷紡績株式会社）」の創業の地としても知られ、現在でもジーンズなどの繊維・織物産業が盛んな地域であるが、江戸時代における綿花生産や商業地としての発展が、その大きな基盤となっているといっても過言ではない。

藩の名称と支配地域

「岡田藩」という名称は、藩の陣屋が、備中国下道郡の岡田（現・岡山県倉敷市真備町岡田）の地に置かれていたことに由来するが、元禄年間（一六八八〜一七〇四）には、山陽道（中国街道）沿いの川辺宿（現・岡山県倉敷市真備町川辺）に陣屋が置かれていたことから、「川辺藩」と呼ばれた時期もある。

　余談だが、大名の屋敷と聞くと、豪華絢爛な「城」をイメージすることも多いが、岡田藩のような石高の小さな藩では、基本的に城を持つことは許されておらず、城郭よりも簡素な造りの「陣屋」が大名の屋敷とされた。城を持つことを許可された大名は「城持大名」と呼ばれるが、備中国内においては、備中松山藩がこれにあたる。なお、現在の岡山県下における城持大名としては、備中松山藩・岡山藩・津山藩・勝山藩（真島藩）が挙げられる。

さて、石高一万石余りの無城大名でありながらも、岡田藩は、備中国下道郡のほかに、美濃国・河内国・摂津国内にも領地を有しており、江戸時代を通して、領地の移動（転封）や石高の増減などもなく、明治四年（一八七一）の廃藩置県に至っている。なお、岡田藩の支配地域の詳細は以下に示す通りである。

ところで、下道郡内の八田村は、現在の倉敷市真備町箭田地区の一部に相当するが、江戸時代の箭田地区は「八田村」と「矢田村」の大きく二つに分かれており、このうち「八田村」は岡田藩領、「矢田村」は岡山藩の飛地であった。

なお、備中国下道郡内の村々については、江戸時代から明治時代にかけて、合併や再編などが繰り返し行われており、地域区分がやや複雑になっている。そのため、備中国下道郡の岡田藩領内の村々の合併・再編の過程について、ここで簡単に整理しておきたい（図：「備中国下道郡岡田藩領内の村の変遷」を参照）。

岡田藩の領地

国名	郡名	旧　村　名	現在の行政区分
備中国	下道郡	川辺村、薗村（岡田村、辻田村、有井村、市場村）、八田村、二万村（上二万村、下二万村）、陶村、服部村、妹村、尾崎村、新本村（本庄村、新庄村）、水内村（原村、中尾村）	岡山県倉敷市真備町の大部分 岡山県倉敷市玉島の一部 岡山県総社市の一部
美濃国	池田郡	脛永《はぎなが》村、沓井《くつい》村	岐阜県揖斐郡揖斐川町の一部 岐阜県揖斐郡池田町の一部
河内国	高安郡	黒谷村、教興寺村	大阪府八尾市の一部
摂津国	豊島郡	止々呂美《とどろみ》村	大阪府箕面市の一部

備中国下道郡岡田藩領内の村の変遷

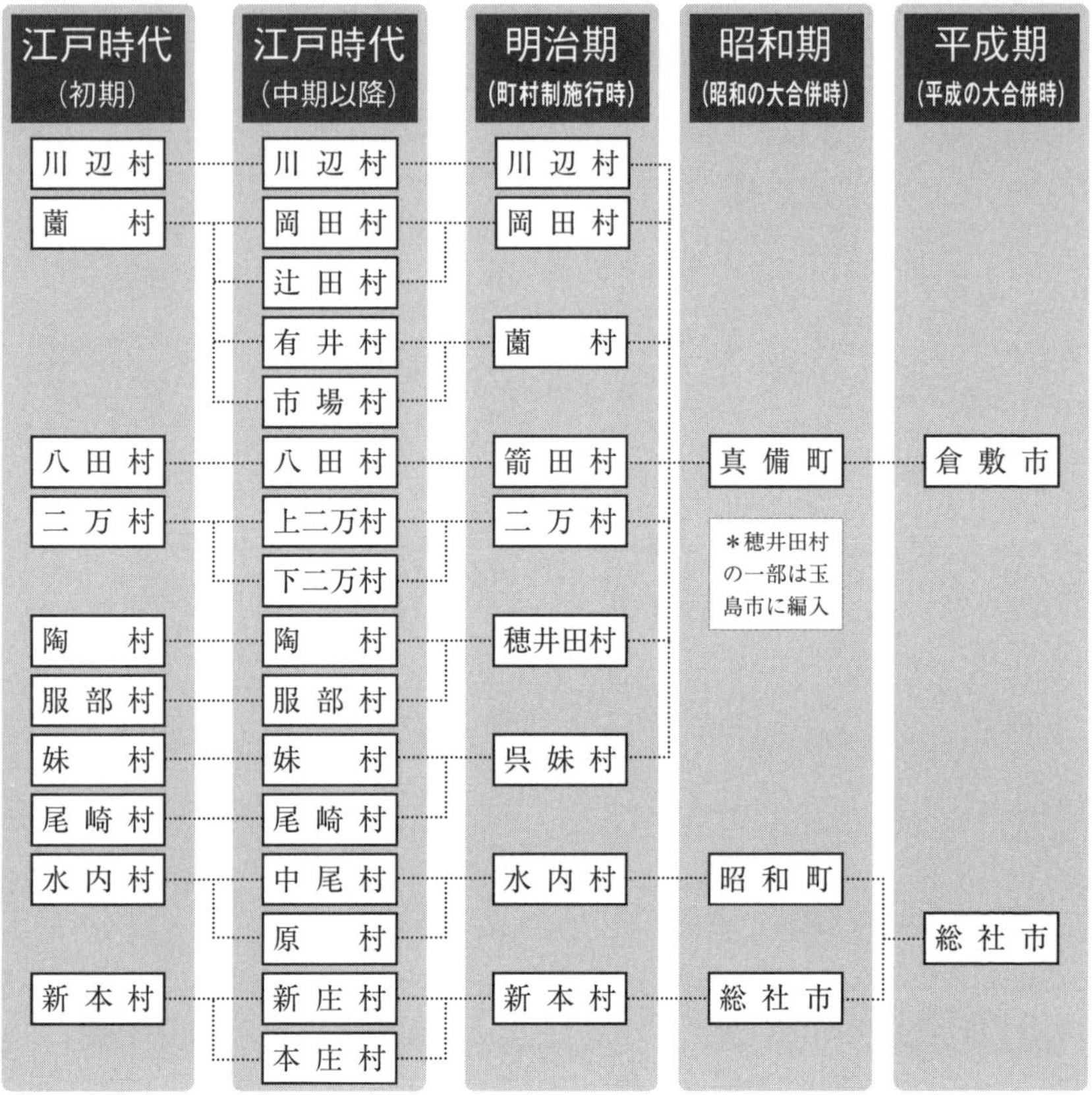
江戸時代（初期）
江戸時代（中期以降）
明治期（町村制施行時）
昭和期（昭和の大合併時）
平成期（平成の大合併時）
川辺村
薗村
八田村
二万村
陶村
服部村
妹村
尾崎村
水内村
新本村
川辺村
岡田村
辻田村
有井村
市場村
八田村
上二万村
下二万村
陶村
服部村
妹村
尾崎村
中尾村
原村
新庄村
本庄村
川辺村
岡田村
薗村
箭田村
二万村
穂井田村
呉妹村
水内村
新本村
真備町
＊穂井田村の一部は玉島市に編入
昭和町
総社市
倉敷市
総社市

岡田藩の石高と領内人口

江戸時代、武士が治める所領の規模は、土地の面積などではなく、その土地で収穫できる米の量、いわゆる「石高」で区分けされていた。一石は、当時の成人男性が一年間で消費する米の量と同等とされ、現代の単位に換算すると、約一八〇リットルに相当する。一八〇リットルといっても、具体的なイメージが湧きにくいが、これは、一人用の小さめの浴槽一杯分の量に相当する。

江戸三百諸藩の中で最も高い石高を誇ったのは、「加賀百万石」としても名高い加賀藩前田家であるが、これは、およそ一〇〇万名もの人間を一年間養うことができるだけの米を生産することが可能であったことを意味する。それを踏まえると、加賀藩がいかに大きな力を持っていたのかがわかる。

さて、岡田藩の石高であるが、備中国下道郡のほか、美濃国、河内国などの飛地を含めた藩領全体の石高は「一万三百四十三石」であったとされ、その内訳は、以下に示す通りであった。

しかしながら、『新修倉敷市史（三巻 近世 上）』などの記述によれば、岡田藩の表高と実高（実際の石高）との間にはかなりの開きがあったと指摘されている。

実際に、国立歴史民俗博物館が公開している「旧高旧領取調帳データベース」

岡田藩における石高の内訳

備中国下道郡内（10カ村）	7,583石余
美濃国池田郡内（２カ村）	2,000石
河内国高安郡内（２カ村）	457石余
摂津国豊島郡内（１カ村）	302石
石高（表高）合計	10,343石

で、幕末期における岡田藩の実高を確認すると、備中国下道郡内で一万四千二百六石、美濃国池田郡内で二千石、摂津国豊島郡で三百十八石、河内国高安郡で七百七十八石、岡田藩領全体では「二万七千三百一石（小数点以下四捨五入）」となっており、表高との間には大きな乖離があることがわかる。

ちなみに、多少の例外はあるものの、江戸期においては、将軍の直臣で石高一万石以上の所領を持つ武士は藩主（大名）となり、一万石未満の場合は、旗本あるいは御家人と呼ばれ、大名とは区別されていた。「歴史に〝もしも〟や〝たられば〟は禁物」とよくいわれるが、万が一、備中伊東氏の所領が一万石未満であった場合、「岡田藩」という藩は存在していなかった可能性もあり得る。いずれにしても、岡田藩は、全国諸藩の中で、極めて規模の小さい「弱小藩」であった。

次に、岡田藩における人口について着目したい。地理学者の西村睦男は、自身の研究の中で、江戸時代における全国諸藩の石高や藩領人口などについて整理しているが、これによると、岡田藩と同規模（表高が一万一千石以下）の藩は三四藩存在している。この三四藩の一覧と、各藩の領内人口については、以下に示す通りである。

石高一万石余り（1万1000石以下）の諸藩（32藩）と領内人口

国名	藩名	領内人口	国名	藩名	領内人口
下野国	大田原藩	12,535人	美濃国	高富藩	6,712人
大和国	小泉藩	9,230人	三河国	西端藩	12,812人
丹後国	峰山藩	10,776人	大和国	田原本藩	4,521人
但馬国	村岡藩	15,690人	大和国	柳本藩	6,728人
陸奥国	黒石藩	15,949人	大和国	芝村藩	7,401人
陸奥国	七戸藩	15,530人	丹波国	山家藩	11,670人
常陸国	志筑藩	5,785人	播磨国	安志藩	9,387人
常陸国	下妻藩	8,815人	播磨国	山崎藩	10,410人
常陸国	麻生藩	9,092人	播磨国	福本藩	－
常陸国	牛久藩	9,070人	**備中国**	**岡田藩**	**17,480人**
上野国	七日市藩	7,024人	出雲国	母里藩	8,225人
安房国	館山藩	23,680人	長門国	清末藩	11,052人
下総国	小見川藩	8,221人	讃岐国	多度津藩	－
越後国	黒川藩	9,179人	伊予国	小松藩	15,155人
越後国	三日市藩	9,061人	伊予国	新谷藩	14,357人
越後国	椎谷藩	10,812人	筑後国	三池藩	9,092人
信濃国	須坂藩	11,324人	豊前国	千束藩	5,868人

ここで挙げた各藩のうち、領内人口が最も多いのは、安房・館山藩の「二三六八〇人」であるが、これに次いで、領内人口が多いのが岡田藩である。このように、大名としての規模は最小であるものの、藩が抱える人口は、同規模の藩と比較しても多いことがわかる。前述の通り、岡田藩の表高と実高の間にはかなりの開きがあったが、領内人口が一七〇〇〇人を超えていたことを鑑みると、実際の石高が一万七千石程度であったことも頷ける。

なお、岡田藩の人口について、『藩制一覧 上巻』の記述では「一六二三一人（士族・卒族：一二二三人）」とされており、集計方法や参照している文献の違いなどから、数値には多少の違いが見られることを付記しておく。

さて、岡田藩が多くの人口を抱えていた背景には、岡田藩の地理的な特徴も関係していると考えられる。この点については、本章の「交通の要衝としての岡田藩の位置付け」の項目で詳細を記述したい。

歴代藩主と菩提寺

岡田藩は、初代藩主伊東長実《ながざね》に始まり、十代藩主伊東長𧦅に至るまで、一貫して備中伊東氏が藩主を務めている。歴代藩主の一覧および概略については、次頁に示す通りである（なお、十代伊東長𧦅の藩主在任期間については、明治初期の「岡田藩知事」時代も含んでいる)。

また、岡田藩主の菩提寺は、川辺の地にある「源福寺」である。源福寺は、延徳二年(一四九〇)に建立された歴史ある寺院で、寺院内には国元で亡くなった九代藩主長裕《ながやす》のほか、八代藩主長寛《ながとも》の息子である長之をはじめ、備中伊東氏ゆかりの人物の墓碑などが建立されている。

なお、長裕以外の九名の藩主については、東京都文京区の「高林寺」に墓所がある。

高林寺は、慶長元年(一五九六)に建立された寺院で、明暦の大火★の後に、現在の場所に移転したとされる。寺院内には、江戸時代末期に医師として活躍した緒方洪庵のほか、明治から昭和にかけて活躍した歌人である岡麓などの墓碑がある。

岡田藩における政治体制

江戸時代の幕藩体制下では、全国諸藩が一定程度の独立した権利を有し、各藩が独自の政治・行政運営を行っていた。江戸時代の各藩は、ある種の〝独立国家(公国)〟としての側面を

岡田藩の歴代藩主(備中伊東氏)一覧

代	領主名	就任年	退任年	受領名	陣屋	菩提寺
1	伊東長実《ながざね》	1615年	1629年	丹後守	谷本・川辺	高林寺
2	伊東長昌《ながまさ》	1629年	1640年	若狭守	川辺	高林寺
3	伊東長治《ながはる》	1640年	1658年	−	川辺	高林寺
4	伊東長貞《ながさだ》	1658年	1693年	信濃守	中村	高林寺
5	伊東長救《ながひら》	1693年	1723年	播磨守	岡田	高林寺
6	伊東長丘《ながおか》	1723年	1763年	伊豆守・若狭守	岡田	高林寺
7	伊東長詮《ながとし》	1763年	1778年	伊豆守	岡田	高林寺
8	伊東長寛《ながとも》	1778年	1850年	播磨守	岡田	高林寺
9	伊東長裕《ながやす》	1850年	1860年	若狭守	岡田	源福寺
10	伊東長𧦅《ながとし》	1860年	1871年	播磨守	岡田	高林寺

有していたともいえる。ここでは、岡田藩という〝独立国家（公国）〟における政治体制などについて簡単に整理しておきたい。

『岡田村史』の記述によれば、岡田藩に仕える藩士の多くは、自らの家禄を世襲し、各々が武芸に励みつつ、藩政を切り盛りしていたとされる。

江戸時代、幕府や大名、旗本などは、年貢米の保管や領地の特産品の販売などを行うため、商いの中心となる土地に蔵屋敷を構えることが多く、中でも、「天下の台所」と評された大坂には、多くの大名や旗本が蔵屋敷を構えていた。岡田藩も例に漏れることなく、大坂に蔵屋敷を構えており、藩の役職として、「大坂蔵屋敷詰役」を置き、蔵屋敷の管理・運営のほか、摂津、河内における所領の統治を任せていた。

また、岡田藩美濃領（脛永村・沓井村）については、代官職を置いて領内の政務を任せていた。

岡田藩における職制

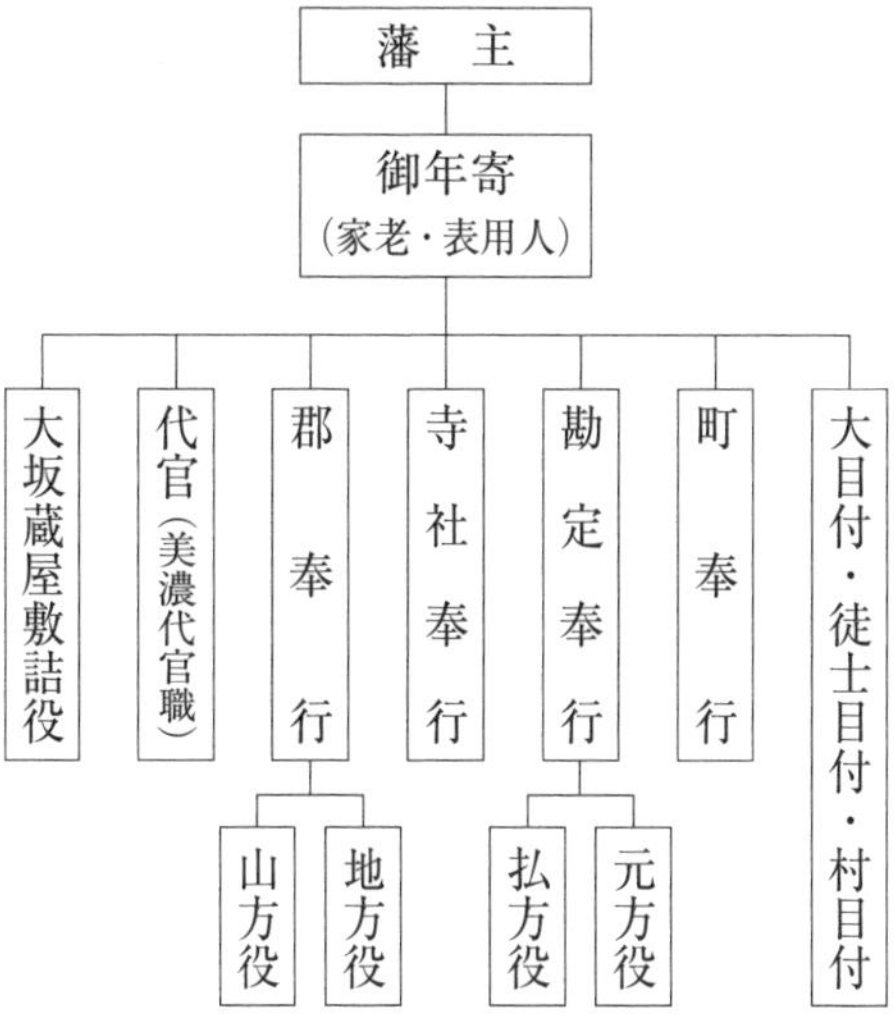

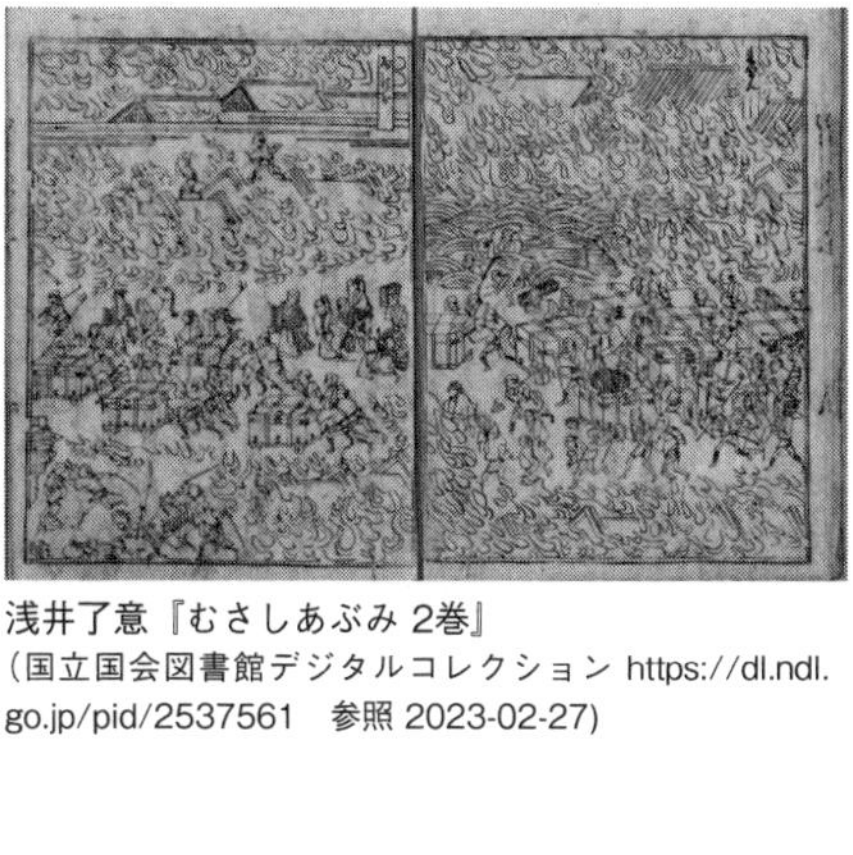

浅井了意『むさしあぶみ 2巻』
（国立国会図書館デジタルコレクション https://dl.ndl.go.jp/pid/2537561　参照 2023-02-27）

▼明暦の大火
明暦三年（一六五七）の一月に起こった大火で、江戸城をはじめ、江戸市中の大部分を焼失する被害をもたらした。「明和の大火」や「文化の大火」とともに、「江戸の三大大火」とも呼ばれている。

　前頁で示した図は、岡田藩における職制を整理したものである。前述の「大坂蔵屋敷詰役」、「代官（美濃代官職）」については、主として備中国外の領地で政務にあたったが、岡田藩の本拠である、備中国下道郡の国元には、家老職や各種目付役、奉行職などが置かれ、藩政を取り仕切っていた。なお、各役職の職務内容については「岡田藩における主な役職と主たる業務内容」として、以下に示す通りである。

『真備町史』によれば、「御年寄」のうち、家老職については、古くから伊東氏を支えていた、仙石氏や木崎氏などの一族が世襲する形で継承され、表用人については、家中における優秀な人物が登用されたと記されている。

　また、領内の各村には、村の代表者としての役割を担う「庄屋」が存在した。各村の庄屋のうち、全体を統括する役職として「大庄屋」が置かれ、有能な人材二名程度が選出されていたという。庄屋たちの基本的な身分は農民であったものの、藩からの情報伝達や各

岡田藩における主な役職と主たる業務内容

御年寄	「家老」および「表用人」で構成され、藩主の補佐のほか、藩政全般の統轄を担った。
大目付	領内における各種規則の監督、命令の施行のほか、藩士の監察業務（不正の取り締まり）などを担当した。
徒士目付・村目付	領内の治安維持に努め、罪人の取り締まり（警察事務）などを担当した。
町奉行	川辺、岡田などの各町の管理のほか、罪人の刑罰の審理をはじめとする裁判業務を担当した。
勘定奉行	藩の税制管理をはじめ、会計業務全般を取り仕切った。補佐役として、元方役と払方役がいる。
寺社奉行	領内に存在するの寺社の領地や僧侶・神職などの管理・監督業務を担った。
郡奉行	領内各村の庄屋の統轄や行政事務を担った。補佐として、地方役（土木事業担当）と山方役（山林管理担当）がいる。
代官（美濃代官職）	藩の飛地であった、美濃国の脛永村および沓井村における司法・行政全般の政務を担った。
大坂蔵屋敷詰役	大坂にあった藩の蔵屋敷を管理するほか、摂津国・河内国内の領地支配などを担った。

村の年貢の管理などの藩政にもかかわる存在でもあり、半官半民のような性格を有していた。そのため、いわゆる「一般の農民」とは一線を画す存在であったといえよう。

飛地（美濃領）の支配

先述の通り、岡田藩の飛地であった美濃国池田郡の脛永《はぎなが》村と沓井《くつい》村には、領地支配のために代官職が置かれ、備中伊東氏傘下の阿子田《あすだ》氏（野原氏）が、代々この職に就いていた。

『真備町史』によれば、阿子田氏（野原氏）はもともと、美濃国に本拠を置いていた国枝氏の家臣であったが、後に備中伊東氏に仕えたとされる。

備中伊東氏が石高二千石余りの脛永村・沓井村を領有することになったのは、江戸幕府が成立する数年ほど前の文禄四年（一五九五）八月であったとされている。備中伊東氏が脛永村・沓井村の両村を拝領した直後、厳しい年貢の取り立てに反発した脛永村の領民たちが決起し、当時の豊臣政権に事の次第を直訴する事件が発生した。これに対して、脛永村・沓井村の両村を領有していた伊東長実は、同地に所縁

岡田藩美濃領図

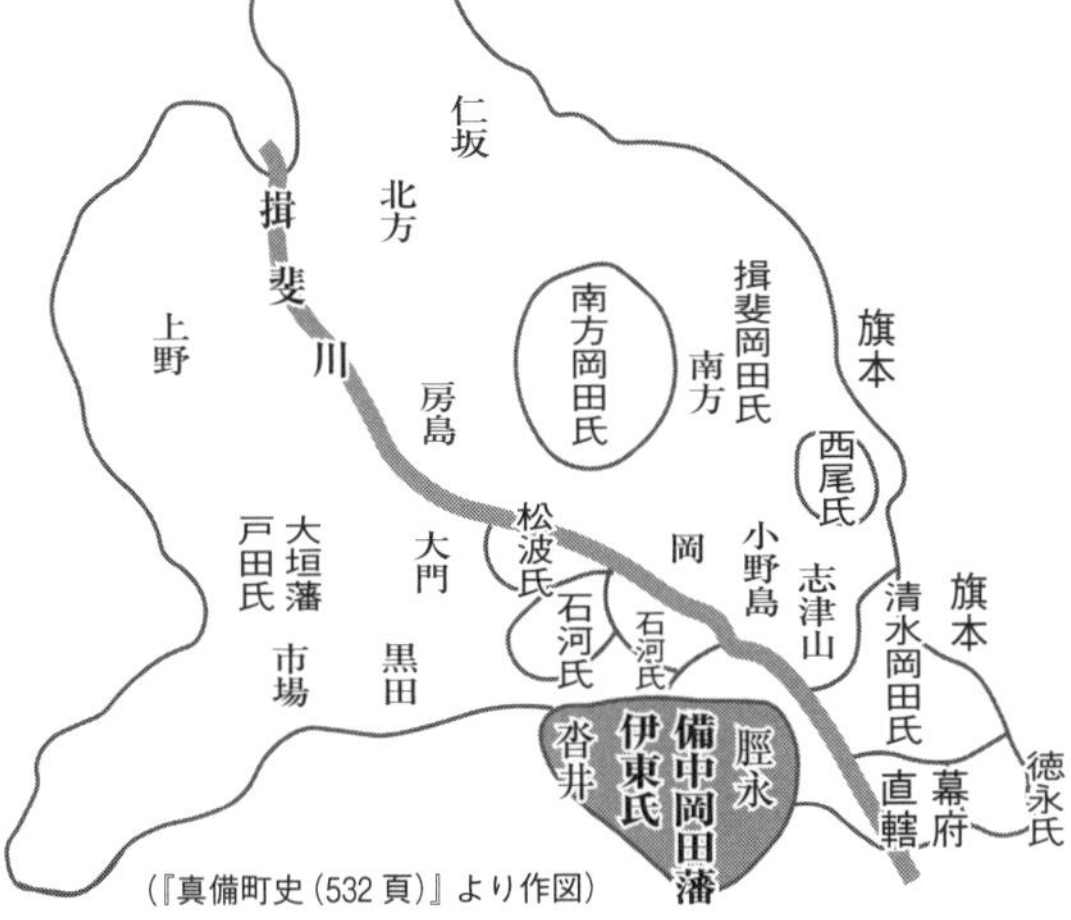

（『真備町史（532頁）』より作図）

岡田藩と周辺地域の概況

のある野原家政に事態の収拾を図るよう命じた。結果として、一連の問題を解決することに成功した家政は、伊東長実からの信任を受け、以降は、脛永村・沓井村の両村を統治する役目を負うこととなった。

脛永村・沓井村の両村は、木曽三川の一つにも数えられる揖斐《いび》川と、木曽川水系の粕川が合流する地点に位置していた。揖斐川は、岐阜県揖斐郡藤橋村の冠《かんむり》山《やま》を水源として、複数の河川と合流しながら濃尾平野を通り伊勢湾へと注ぐ、延長一二一キロメートルを誇る大河川である。一方の粕川は、岐阜県揖斐郡揖斐川町の貝月山《かいづきやま》付近を水源とし、高橋谷川など複数の支流と合流しながら揖斐川へと注ぐ、延長約一八・二キロメートルの河川である。

このような大規模河川の結節点に位置するという地理的特性を有していた同地域では、大雨などの際に、河川の氾濫などによる水害が度々発生していた。そのため、歴代の岡田藩主は、多額の費用を投じて当該地域の治水事業を推進したほか、幕府も公費を投じて水害対策を実施したとされる。

岡田藩美濃領における水害対策に際しては、後に、「小田川改修」などにも尽力することとなる岡田藩士守屋重行《もりやしげゆき》（守屋勘兵衛）が備中国下道郡の国元から派遣され、事業の中心的役割を果たしたと伝わっている（守屋勘兵衛による小田川改修については、第四章「岡田藩の水害・治水史」においてその詳細を記載する）。

なお余談ではあるが、美濃代官職を務めた阿子田一族は、慶長五年（一六〇〇）

の関ヶ原の戦い以降、長らく「野原」を名乗っていたが、文政年間（一八一八～一八三〇）には「阿子田」に復姓している。阿子田氏が野原氏を名乗っていた理由については諸説あるものの、『真備町史』では、関ヶ原の戦いの際に、西軍に与して戦ったことを隠す意図があったのではないかとの説が有力とされている。

岡田藩の江戸藩邸

さて、寛永十二年（一六三五）に、三代将軍徳川家光が参勤交代の制度を定めると、各地の大名は、江戸での住居として江戸屋敷（江戸藩邸）の整備を本格化させている。

各藩の石高などによって、その運用方法などには多少の違いが見られるものの、多くの場合、大藩では、上・中・下・抱・蔵などの屋敷を持ち、小藩は上・下の二つの屋敷を有しており、これらを総称して江戸藩邸と呼ばれていた。

上屋敷は、主として、藩主やその妻子が居住するためのもので、江戸における藩の政治機能が置かれた場所でもある。各藩の藩主は江戸に滞在している間、江戸城へ登城することが多かったため、上屋敷は江戸城に比較的近い、江戸の中心部に置かれることが多かったとされる。中屋敷は上屋敷が使用できなくなった場合の予備の屋敷としての側面を有していたが、通常時は隠居した藩主や先代の未亡人、当主の子女などの邸宅として利用されていた。下屋敷は主に藩主が静養のために訪れる屋敷として利用され、江戸の中心部からは離れた場所に置かれることが多かったという。現代風にいえば、都市郊外の「別荘」といったところだろう。また、「火事と喧嘩は江戸の華」という言葉があるように、当時の江戸の街が、しばしば火災に見舞われていたのは有名な話だが、万が一にも、上屋敷や中屋敷が火災の被害を受けた際には、藩主らの一時的な避難所として、下屋敷が利用されることもあった。

岡田藩においても、参勤交代などで藩主が江戸に駐在している際には、江戸屋敷（江戸藩邸）を中心に政務を行っていた。

各大名や江戸幕府の役人たちの基本情報がまとめられている『寛政武鑑』を見ると、岡田藩の江戸上屋敷は、「さるがく丁　大手ヨリ十七丁」と記されている。この場所は、現在の東京都千代田区神田猿楽町二丁目付近にあたる。

なお余談ではあるが、時代が明治になると、各大名の江戸屋敷は、明治新政府によって接収され、その土地は、公官庁などの公共施設や学校の敷地として利用された。

現在、岡田藩の江戸上屋敷があった周辺の地域は、明治大学や日本大学をはじめとする多くの大学や専門学校のキャンパスがあり、学生たちが行き交う、都内有数の学生街になっている。

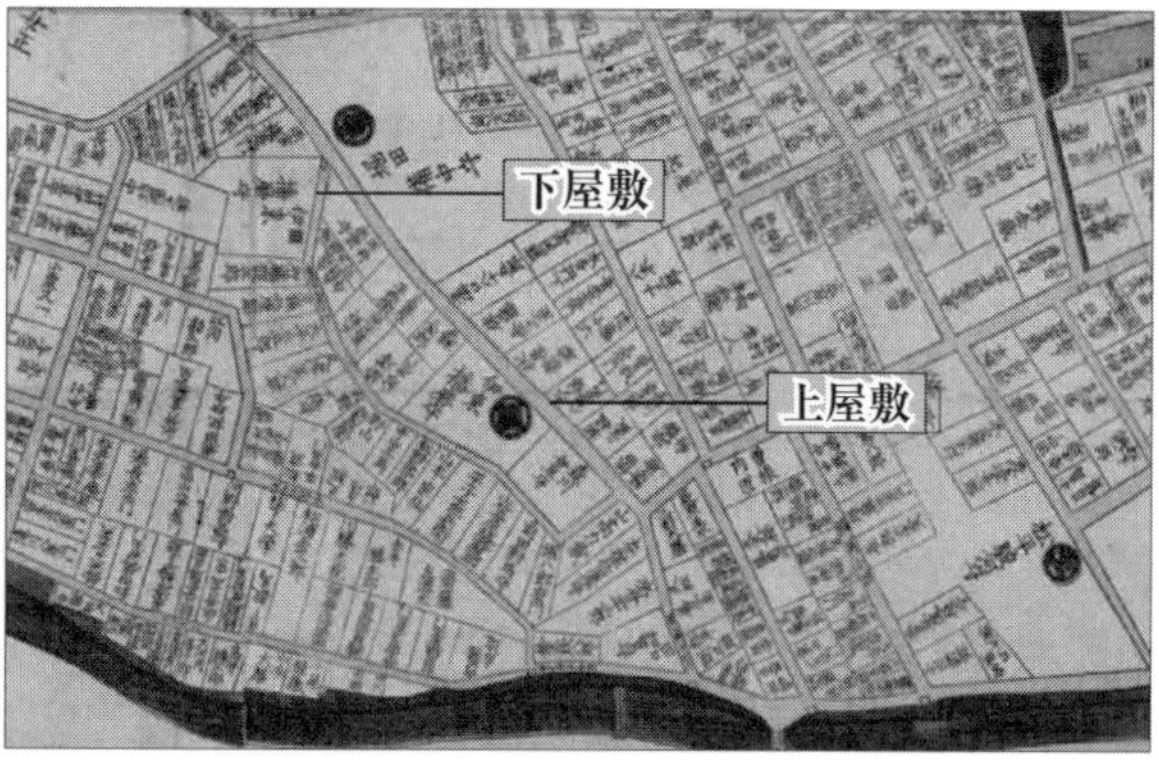

『〔江戸切絵図〕』駿河台小川町絵図
（国立国会図書館デジタルコレクション
httpsdl.ndl.go.jppid1286659　参照 2023-02-24）

岡田藩の陣屋の変遷

すでに述べた通り、岡田藩の名称は、藩主を務めた備中伊東氏が、岡田陣屋に藩庁を構えたことに由来するが、初代藩主伊東長実《ながざね》が領地入りした際、最初に築いた陣屋は、備中国下道郡服部（現・岡山県倉敷市真備町服部）の谷本陣屋であり、以降、複数回の移転を経て、岡田陣屋が築かれることとなる。ここでは、岡田藩の陣屋の変遷について整理するとともに、これに関連するエピソードについて触れてみたい。

長実が備中国に入ったのは、大坂夏の陣が終結した翌年の元和二年（一六一六）三月であったとされる。当時、河内国（現・大阪府東部地域）に居た長実は、舟で瀬戸内海を通り、玉島の亀山湊（現・岡山県倉敷市玉島富田付近）に上陸した。長実が到着した際、そこには十数名の関係者が出迎えるのみで、藩主を乗せる馬や駕籠の姿はなかったという。大名の国入りとしてはかなり質素な状況であろう。

そのような状況を見兼ねた服部村出身の庄屋水川与左衛門は、「殿様を歩かせるわけにはいかない」との思いで、長実を背負い領地まで運んだとされる。領地に向かう途中、一行は街道沿いの大岩の上で休息を取ったといわれ、これ以降、その岩は「君が岩」と呼ばれるようになったという。この「君が岩」は、岡山県

君が岩

倉敷市玉島服部付近に現存しており、その姿を今に伝えている。

　領地に入った長実は、その後、約八年間を服部の谷本陣屋で過ごした後、川辺村（現・岡山県倉敷市真備町川辺）に陣屋を移転している。これにより、役目を終えた谷本陣屋は、長実の入国の際に功績のあった水川与左衛門の一族が譲り受けた。陣屋の建物は現存していないが、その土地は、代々水川家の一族によって守り継がれている。

　寛永元年（一六二四）十月、谷本陣屋を出た長実は、上二万村の庄屋高見帯刀の邸宅に一時期滞在した後、同年十一月に川辺・土居陣屋（川辺陣屋）に藩庁を移した。これ以降、約四十年の間、川辺の地は、岡田藩における政治・商業の中心として栄えた。

　寛文四年（一六六四）になると、四代藩主伊東長貞《ながさだ》が、川辺陣屋から岡田村の中村陣屋に拠点を移し、次いで、五代藩主伊東長救《ながひら》が、元禄十四年（一七〇一）に、岡田村★の御山屋敷（岡田陣屋）へと陣屋を移転している。

　なお、岡田陣屋があった場所は、現在、倉敷市立岡田小学校（岡山県倉敷市真備町岡田六一九）の敷地として利用されている。陣屋の建物（母屋）などは、昭和二十二年（一九四七）に発生した火災により焼失したとされるが、岡田小学校の校庭の脇には、陣屋時代に使われていた長囲炉裏の跡が残されており、当時の人々の陣屋での生活を今に伝えている。

▼岡田村
もともと薗村に属していた枝村（一つの村から分離した集落）のうち、中村と森村を併せて「岡田村」に改称した。

岡田藩邸長囲炉裏跡

さて、川辺から岡田に陣屋を移して以降は、明治四年（一八七一）の廃藩置県に至るまでの約百七十年間、岡田藩の政治の中心は岡田陣屋に置かれることとなった。川辺から岡田への陣屋移転の理由については諸説あるが、川辺という土地が浸水被害を受けやすいため、これを避けるために陣屋を移転したとの説が有力視されている。

ところで、この川辺という土地は、山陽道上の一宿場町としての側面だけでなく、備中国における陸運・舟運の結節点として、極めて重要な位置を占めていた。

次節では、「交通の要衝としての岡田藩の位置付け」として、岡田藩領川辺（川辺宿）の地理的特性について整理したい。

③ 交通の要衝としての岡田藩の位置付け

古来より陸上交通の要であった山陽道。その宿場の一つである川辺の地は、高梁川流域における舟運の湊としての役割も有していた。陸運・水運の結節点として重要な役割を担っていた川辺宿の繁栄は、備中国の政治・経済の中心地として栄えてきた「総社」をも凌ぐものであった。

備中の大河川・高梁川と舟運

高梁川は、現在の岡山県と鳥取県にまたがる花見山を源流として、成羽川、小田川などの複数の支流を合わせながら、瀬戸内海（水島灘）に注ぐ備中地域有数の大河川である。かつては、「川辺川」、「総社川」など、地域によって様々な名前で呼ばれていた。

国土交通省の資料によれば、現在の高梁川の全長は約一一一キロメートル、流域面積は二六七〇平方キロメートルを誇り、岡山県下においては、旭川、吉井川と並んで「岡山三大河川」と称されている。

高梁川流域においては、古くから高瀬舟★による水運が盛んであり、とりわけ中世以降は、備中国の南北をつなぐ主要な交通手段の一つとして、時代に合わせて

▼高瀬舟
河川や湖沼の水上運送に広く用いられた小型の川舟のこと。

整備・改修が進められてきた。

なお、高梁川の改修に関するエピソードとしては、備中松山藩によって整備された「高瀬通し」が有名であるが、これについては、『シリーズ藩物語 備中松山藩』にて、その詳細が記されるものと期待し、本稿では、これ以上の記載は避けたいと思う。

さて、岡田藩領においては、新見、総社方面から流れる高梁川と、矢掛方面から流れる小田川（高梁川の支流の一つ）が「川辺」の地で合流しており、同地には、高梁川や小田川を航行する高瀬舟の川湊が置かれた。

川辺の湊には、年貢米だけでなく、中国山地におけるたたら製鉄によって生産された鉄のほか、西日本随一の産出量を誇ったとされる吹屋《ふきや》銅山の銅、顔料としても用いられた弁柄《べんがら》など、周辺地域の多くの特産物が集まったとされる。

『真備町史』には、当時の川辺の繁栄について、「何にせよ宿場は交通の要地として異常な発展を見た。江戸時代川辺の繁昌は総社を凌ぎ、当町内最も栄えていた所であった」と記されている。

古代には、備中の国府や国分寺が置かれ、備中国の政治・経済・文化の中心地として栄えてきた総社地域は、江戸期においては、備中松山藩・足守藩・生坂藩をはじめ複数の藩領などが混在する複雑な統治体制がとられていた。単純に比較はできないが、仮に、先述の三藩と岡田藩の石高を比較すると、備中松山藩が約

川辺橋から望む高梁川

五万石、足守藩が約二万五千石、生坂藩が一万五千石と、岡田藩の石高が最も低いことがわかる。

それにもかかわらず、当時の川辺が、〝総社を凌ぐ〟ほどの繁栄を誇っていたとすれば、それはまさに〝異様〟な状態であっただろう。

また、後述するが、川辺地域が繁栄した要因は、高瀬舟による水運だけに留まらない。川辺は、水上運送の結節点としての要素を持つだけでなく、山陽道上の宿場町として、陸上交通における拠点でもあった。川辺は、水陸両面における交通の要衝として、極めて重要な役割を担っており、このことが、同地域の繁栄をもたらし、ひいては、岡田藩の繁栄にもつながっていたと考えられる。

山陽道・川辺宿

江戸時代において、陸運・舟運をはじめとする各種交通体系の整備が進められる中で、幕府は、陸上の幹線道路として「五街道」を整備し、それに付随する街道として、「脇街道」をはじめとする諸街道の整備も進めた。交通網の整備は、単に物資の輸送機能を強化するだけに留まらず、人々の交流や各地域の文化交流の促進のほか、様々な情報の伝達などにも寄与しており、地域づくり・地域経営を進める上でも、非常に重要な側面を有していた。

備中国において、古くから主要な陸上交通網として機能してきたのが山陽道（中国街道）である。山陽道はもともと、古代において、律令制国家が成立する過程の中で整備が進められた街道であり、中央と地方の大動脈として機能した。とりわけ、古代の山陽道は、都と北部九州にあった大宰府を結ぶ重要な街道に位置付けられていた。

平安時代中期に編纂された法令である「延喜式《えんぎしき》」では、山陽道は、大路（最上位の幹線道路）に区分されており、街道沿いには、河辺駅《かわのべえき》をはじめとする駅家★が整備された。また、箭田《やた》廃寺や岡田廃寺、箭田大塚《やたおおつか》古墳などの史跡も街道沿いに点在している。

このような基盤を活かしながら、江戸時代においては、東海道に続いて、大坂から小倉に至るまでの主要な脇街道の一つとして、山陽道の整備が行われている。五街道、脇街道などの主要な街道には、一里（約三・九キロメートル）ごとに一里塚★が置かれたほか、二〜三里の間隔で宿場（宿駅）が設けられ、交通利便性の向上が図られた。宿場には、各藩の藩主などが、参勤交代の際に宿泊する本陣や脇本陣のほか、一般の旅人の宿泊・休憩のための施設である旅籠や茶店などが整備された。

岡田藩領においては、山陽道上の宿場の一つとして、川辺の地に「川辺宿」が整備され、先述の通り、水上運送だけでなく、陸上交通の結節点としても大いに

▼駅家
三〇里ごとに置かれた施設で、人馬や食糧の供給にあたった。

▼一里塚
一里ごとに街道に設けられた道標のこと。江戸の日本橋を起点とし、一里ごとに塚を築き、榎や松が植えられていた。

川辺本陣跡

発展した。

以下に示すのは、『真備町史』に記載されている、宝暦十四年（一七六四）時点の岡田藩領（備中国下道郡）の各村における人口・世帯数★（武士階級を除く）をまとめたものである。これを見ると、宿場が置かれた川辺の地は、領内の他の村と比較して、人口・世帯数ともに最も多くなっていることがわかる。このことからも、宿場町としての川辺の繁栄をうかがい知ることができよう。

現在でも、川辺の地に置かれた一里塚の跡には、「史蹟　山陽街道一里塚」と記された石碑が建っているほか、川辺本陣・脇本陣の跡地にもそれぞれ石柱が建てられており、当時の面影を伝えている。

川辺本陣は、街道の南側に位置していた難波氏の邸宅であったとされる。文化六年（一八〇九）には、日本地図の作成のために、全国を渡り歩いたことでも知られる伊能忠敬が、川辺本陣に宿泊したとの記録も残されている。

江戸時代には繁栄を極めた川辺本陣であるが、本陣の建物や当時の様子を伝える資料の多くは、明治二十六年（一八九三）の水害の際に流出したとされる。また、本陣跡から数十メートル離れた場所には脇本陣跡があり、代々、日枝氏によって管理されている。脇本陣も明治二十六年の水害の被害を受けたものの、流出自体は免れ、昭和後期まで建物が残されていたが、現在は撤去されている。

川辺周辺地域と水害をめぐる歴史は古くから存在し、江戸時代においても、水

岡田藩領における各村の人口および世帯数

	人口（人）	世帯数（軒）
岡田村	562	117
川辺村	1,332	357
辻田村	609	124
有井村	798	144
市場村	1,267	244
下二万村	797	171
上二万村	1,052	217
八田村	983	216

▼人口・世帯数
この数値は宝暦十四年（一七六四）に岡田藩によって行われた調査によるものとされるが、矢田・尾崎・妹など一部の村域の数値が掲載されていない（なお、出典は『真備町史』三十五頁である）。

害対策は岡田藩における重要な政策の一つであった。

平成三十年（二〇一八）七月に発生した、「平成三十年七月豪雨（西日本豪雨）」においても、川辺周辺地域が甚大な被害を受けたことは記憶に新しい。

街道上の宿場町として繁栄した川辺と水害をめぐる闘いについては、第四章「岡田藩の水害・治水史」においてその詳細を述べたい。

さて、ここまでは、岡田藩の基本的な情報を概観しながら、交通の要衝としての川辺の位置付けやその繁栄について整理した。次章では、岡田藩の歴代藩主（備中伊東氏）の逸話や人々の暮らし、さらには、地域にゆかりのある人物や伝承など、様々な観点から、岡田藩についての考察を進めてみたい。

史蹟 山陽街道一里塚

これも岡田

吉備大臣を輩出した土地

吉備真備の出生地である備中国下道郡周辺には、真備に関連する史跡などが多数存在しており、彼の功績やその軌跡をうかがい知ることができる。

ここでは、真備町内に点在する真備ゆかりの史跡の一部を、写真とともに紹介する。

琴弾岩および弾琴祭

吉備真備は、宝亀二年（七七一）に、高齢を理由に官職を辞しているが、その後の消息については不明瞭な点が多い。

一説によると、真備は郷里に戻り、小田川を望む岩の上で琴を弾きながら、静かに余生を過ごしたとされる。

真備が琴を弾いたと伝わる岩は「琴弾《ことひき》岩《いわ》」と呼ばれ、昭和期以降、「弾琴祭《だんきんさい》」と称する催しが行われている。

琴弾岩

まきび公園・まきび記念館

まきび公園は、昭和六十二年（一九八七）十月に誕生し、園内には、真備に関する資料が所蔵されている「まきび記念館」のほか、中華風の建物が複数存在する。

真備はその生涯の中で、二度にわたり唐（中国）へ赴いているが、中国唐代の都が置かれていたのが「長安」であった。これは、現在の中国・西安市にあたる。

まきび公園は、真備とも縁のある中国・西安市に、真備の記念碑が建立されたことに伴って設立された。

まきび公園（倉敷市観光課提供）

吉備公墳（吉備公廟）

吉備公墳（吉備公廟）は、吉備真備を祀る霊廟で、地元では「吉備さま」の名でも親しまれている。

真備が幼い頃から聡明な人物であったことから、学業成就などのご利益があるとも伝わっている。

本文でも触れた通り、江戸期には、時の岡田藩主伊東長貞《ながさだ》が調査を行い、真備の墓であることを確認したとされるが、吉備公墳が真備の墓だと断定するには、より学術的な発掘調査などが必要であろう。

吉備公館址・吉備公産湯の井戸

倉敷市真備町箭田《やた》地区には、吉備真備の屋敷があったとされる場所があり、そこには、「吉備公館址」と書かれた石碑が建てられている。

「吉備公館址」の石碑の側には、日本語とラテン語で書かれた真備の顕彰碑があるが、これは、昭和三十八年に、ドイツ人のフーゴー・ラッサール神父によって建立されたものである。

フーゴー・ラッサール神父は、昭和二十年八月六日に広島市内で被爆した経験から、「世界平和記念聖堂（国指定重要文化財）」の設立にも尽力し、生涯にわたり世界平和の重要性を訴え続けた人物である。その功績により、昭和四十三年には広島市の名誉市民にも選ばれている。

「吉備公館址」碑

ところで、フーゴー・ラッサール神父は、昭和二十三年に日本国籍を取得しているが、その際、吉備真備の功績や思想に感銘を受けたことから、自身の日本名を「愛宮《えのみや》真備《まきび》」としている。

フーゴー・ラッサールこと愛宮真備が建立した碑文の冒頭には「不滅の遺徳《いとく》を仰がん」と記されており、吉備真備が残した数多くの功績を讃えるとともに、真備の崇高な理想を未来に伝え続けていくことの重要性を説いている。

さて、「吉備公館址」の石碑の近くには、真備が生まれた際、この井戸の水を産湯として使ったとの逸話が残る「吉備公産湯の井戸」がある。また、伝承によれば、真備が生まれる前夜、この井戸の中に星が落ちたことから、「星の井」とも呼ばれるようになったという。

吉備公産湯の井戸

吉備寺（真蔵寺）

吉備寺は、今から約一四〇〇年前の飛鳥時代に建立された箭田廃寺跡に建てられた寺院で、古代の吉備地方で一大勢力を誇った吉備氏の氏寺とされる。

江戸時代に岡田藩主が真備の墓の調査を行った後に、寺の名称が真蔵寺から「吉備寺」に変更された。

吉備寺には、かつて箭田廃寺の礎石として使用されていた石が今も残されており、当時の面影を垣間見ることができる。

本文でも記載したが、箭田廃寺跡から出土した「四葉蓮華文鐙瓦《しようれんげもんあぶみがわら》」をはじめとする瓦三点は、その歴史的価値が高く評価され、昭和三十七年六月二十一日付で、国指定の重要文化財となっている。

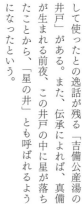

これも岡田

真備町の老舗・名店・銘菓

倉敷市真備町には、地域に根付く老舗が多く存在するほか、地域の特産などを活かした新たな産品も多く誕生している。

倉敷市においては、平成二十五年（二〇一三）四月に「くらしき地域資源ミュージアム ポータルサイト」を開設し、その土地に根付く多様な地域資源の再評価や新たな地域資源の掘り起こしを行い、それらの魅力を市内外に広く発信している。

ここでは、倉敷市真備町における「地域資源」の一つとして、地域に根付く〝老舗〟や真備町独特の〝銘菓〟などについて、その一部を写真を交えて紹介したい。

はせがわ酒店

はせがわ酒店は、明治三年（一八七〇）の創業以来、百五十年以上の歴史を持つ老舗である。明治・大正・昭和・平成・令和の各時代を通じ、地域に根ざした商店として知られている。

蒔田石材店

蒔田石材店は、明治二十年に地域唯一の石材店として創業した。町内には、蒔田石材店が手掛けた石碑などが残されており、当時の歴史を今に伝えている。

佐藤酒店と日本酒・「吉備真備」

佐藤酒店は、明治二十五年に「くし」や「かんざし」などを販売する店として開業し、その後に酒類の販売を行うようになったとされる。平成三十年七月豪雨（西日本豪雨）で店舗が大きな被害を受けたが、令和二年（二〇二〇）八月からは、新店舗にて営業を再開している。また、佐藤酒店では「吉備真備」の名を冠する日本酒なども販売している。

西洋饅頭・真備焼き

平成十二年に創業した地元の洋菓子店・ウォールウォーレンが製造・販売している菓子。「粒あん」と「白桃」の二種類がある。

はせがわ酒店（倉敷市商工課提供）

蒔田石材店（倉敷市商工課提供）

佐藤酒店と日本酒・「吉備真備」（倉敷市商工課提供）

真備焼き（倉敷市商工課提供）

第三章 備中伊東氏十代の治世と領民の暮らし

備中伊東氏の藩政運営や先人たちの逸話などに触れ、岡田藩における〝日常〟を描く。

岡田大池から藩領を望む

◆1

伊東の殿様の噺

二百五十年以上の長きにわたり、岡田藩を治めた備中伊東氏。歴代藩主の中には、かの〝天下の副将軍〟や〝従四位広南白象〟との逸話が残されている人物もおり、その性格は非常にバラエティーに富んでいる。

藩祖長実の子・伊東長昌

岡田藩初代藩主伊東長実《ながざね》の武勇や、その出自などについては、第二章「岡田藩の誕生」ですでに述べた通りだが、長実の後を継ぎ、岡田藩の二代藩主となったのが、伊東長昌《ながまさ》である。

長昌は、文禄二年（一五九三）に摂津国（現・大阪府北西部および兵庫県南東部地域）にて、伊東長実の子として生まれた。長昌は次男であったが、実兄が若くして亡くなったために、父である長実の実質的な後継者となり、その後、父とともに、豊臣家に仕えるようになった。

大坂の役の際には、豊臣方に属して戦ったものの、徳川家康に敗れ、長実とともに高野山へ落ち延びたとされる。その後、長実と同様に、家康の許しを受けている。

岡田藩の立藩後は、初代藩主となった長実を補佐したが、寛永六年（一六二九）に長実が七十歳で亡くなると、長昌が二代藩主に就任した。その後、十一年間にわたり藩主として政務を取り仕切った長昌であったが、寛永十七年に四十八歳でこの世を去っている。

無冠の藩主・伊東長治

伊東長治《ながはる》は、父の長昌が二代藩主に就任する前年（寛永五年（一六二八））に、岡田藩の江戸屋敷で生まれたとされる。

寛永十七年、長昌が逝去したことに伴い、長治は十代前半という若さで三代藩主に就任するが、万治元年（一六五八）に三十一歳で亡くなっている。

長治は、歴代岡田藩主の中で唯一、「〇〇守」や「〇〇介」といった受領名（官職名）を有していなかったとされる。

受領名とは、もともと、律令制下における国司の職名であり、朝廷によって任命されるものであったが、武士が政治の中枢を担うようになると、それぞれの武家の格式を示す、一種の名誉称号としての意味合いが次第に強くなっていった。

江戸時代においては、幕府が武家に官位を与える実質的な権限（武家官位執奏権）を有しており、諸大名は自身の家柄や石高などに応じて、幕府を通じて朝廷から受領名を与えられていた。有名な例としては、人形浄瑠璃や時代劇などの題材にもなった赤穂事件（忠臣蔵）の登場人物、吉良義央の「上野介」などが挙げられる。

受領名は、実際の領地とは直接関係のない場合が多く、岡田藩の歴代藩主の例を見ると、「若狭守」、「信濃守」、「伊豆守」、「播磨守」などの受領名を与えられており、「備中守」に任命された藩主はいない。

なお、江戸期に「備中守」に任じられた人物としては、伊勢国菰野《こもの》藩の三代藩主土方雄豊《ひじかたかつとよ》や、佐倉藩五代藩主で、幕府の老中首座も務めた堀田正睦《ほったまさよし》などがいる。

さて、この無冠の藩主長治をめぐっては、〝天下の副将軍〟としても有名な「水戸黄門」こと徳川光圀との逸話が残っているが、その内容は、おおむね次のようなものである。

ある時、伊東長治は幕府から江戸城の北の丸にある竹橋門の警備を命じられ、その任務にあたっていた。その最中、江戸城内で火災が発生し、城内に緊張が走った。この事態に際し、幕府は「事態が終息するまで、誰が来ても絶対に開門してはならない」との命令を出し、長治はこの命令に従って、竹橋門を固く閉ざしていた。

時を同じくして、水戸黄門こと徳川光圀が、江戸城へ登城するために、長治が警護にあたっている竹橋門までやってきた。ところが、門が固く閉じられていたため、光圀一行は開門を迫った。これに対して長治は、「幕府の命令で、今は開門することはできない」と返答した。しかし光圀側は、なおも開門を強く要求し、双方一歩も譲らない。一触即発の状況の中、長治は「天下の黄門様といえども、幕府の命を受けている以上、開門することはできない。どうしても通るというなら、私が直々に槍でお相手申し上げる」として、〝天下の副将軍〟徳川光圀に対して毅然とした態度を貫いた。長治のこの姿に感服した光圀は、長治の行動を称賛し、登城ルートの変更に応じたという。

この逸話は、備中伊東家の略歴などがまとめられている『伊東家譜（備中岡田）』に記載されているものの、水戸藩や徳川光圀に関する史料の中には、同様の記述は確認できず、その真偽については定かではない。

ところで、「水戸黄門」といえば、〝越後のちりめん問屋のご隠居様〟が、お供の〝助さん〟や〝格さん〟と世直しの旅をする時代劇の王道であるが、過去作品におけるご老公一行の立ち寄り先を調べてみたところ、岡山、倉敷、広島などには複数回訪れているものの、岡田藩領・川辺宿には立ち寄った形跡がない。★近場では、川辺の次の宿場である矢掛を舞台とした話がある。該当の回は、平成十二年（二〇〇〇）に放映された「水戸黄門 第二十八部」の二十六話（暴君を斬る！男の剣－矢掛－）で、光圀役は、〝泣き虫黄門さま〟としても親しまれた佐野浅夫

竹橋

▼川辺宿には立ち寄った形跡がない。「TBSテレビホームページ－水戸黄門大学－」の情報をもとに独自で調査した。

が演じている。

今後、新たに「水戸黄門」シリーズが制作される際は、是非、ご老公一行に、川辺宿にも立ち寄っていただきたいものである。

歴代岡田藩主と幕府の要職

岡田藩主の中には、幕府とのつながりが強く、幕府の要職に就いた人物も存在する。

万治元年（一六五八）、三代藩主伊東長治の死去に伴い、四代藩主に就任した伊東長貞《ながさだ》は、当時、幕府の直轄地（天領）になっていた近江水口《みなくち》城★のほか、駿府城の護衛を命じられている。

また、『真備町史』によれば五代藩主伊東長救《ながひら》は、元禄七年（一六九四）に、将軍の様々な諮問に答える役職であった奥詰衆に取り立てられた後、将軍の身の回りの世話をする御小姓に任じられている。

さらに、八代藩主伊東長寛《ながとも》は、天明五年（一七八五）に駿府加番として、駿府城の護衛にあたっている。

▼近江水口城
徳川家光が京都への上洛の際の宿館として整備し、天和二年（一六八二）以降は水口藩の藩庁となった。

「従四位広南白象」の入国

時代は、〝米将軍〟の異名を持つ八代将軍徳川吉宗の治世のこと。将軍吉宗への献上品として、ベトナムから象が輸入された。象は、享保十三年（一七二八）に、多数の世話人とともに長崎に上陸した後、陸路で江戸に向かった。なお、この時日本にやってきた象は、オス一頭とメス一頭の合計二頭であったが、メスの象は長崎滞在中に死亡したとされる。

長崎街道から山陽道に入った象とその一行は、享保十四年四月に、岡田藩領・川辺宿に宿泊した。その際、岡田藩六代藩主伊東長丘《ながおか》は、川辺に宿泊した象を見物したといわれている。

長丘の治世についてまとめられた『実相公実録★』には、長丘が、象を見物した時の様子が描かれている。この史料によれば、長丘は備中伊東氏ともかかわりが深く、川辺本陣からほど近い源福寺の藪の中に潜み、静かに象を見物したと記載されている。

長丘が象を物陰から見物したのは、将軍への献上品である象を刺激することがないように配慮したためとされる。また、象は時の中御門《なかみかど》天皇への謁見に際して官位を与えられたとの説もあり、それは長丘の「従五位下」よりも上位の官位で

▼**実相公実録**
この文書は、岡山県が発刊した『岡山県史　第二十六巻　諸藩文書』（三〇七－三八四頁）に収録されている。なお、「実相公」とは、長丘の戒名である「実相院悠岳浄久」に由来する。

あったという。

〝象よりも身分が低い殿様〟と聞くと、何とも言葉にし難いものがあるが、当時の時代背景などを考えれば、小藩岡田の殿様としては、物陰から見物するのが最良の策であったのかもしれない。

さて、この「広南従四位白象」のその後であるが、享保十四年五月に、江戸にて将軍吉宗との対面を果たし、その物珍しさから、当時大きな話題を呼んだとされる。しかしながら、享保十五年には、象の飼育に際して多額の資金が必要であったことなどを理由に、幕府は象を民間へ払い下げることを決定している。

幕府の手を離れ、民間に引き渡された象は、寛保二年（一七四三）の年末に静かに息を引き取っている。

『象之図』写（国立国会図書館デジタルコレクション https://dl.ndl.go.jp/pid/2543109/1/7 参照 2023-02-24）

温和怜悧の名君・伊東長詮

伊東長詮《ながとし》は、六代藩主である父の伊東長丘が、宝暦十三年（一七六三）に隠居したことに伴い、七代藩主に就任した。

長詮は非常に温厚な性格で、信義にも厚い人物であったとされ、歴代藩主の中でも特に優れた〝名君〟として語られている。

岡田藩にもゆかりのある、江戸時代の地理学者古川《ふるかわ》古《こ》松軒《しょうけん》は、自らの著書

『吉備之志多道《きびのしたみち》』★の中で、長詮を次のように評している。

温厚篤実にして天性御仁心深く、十一二歳にならせ給ふ頃より、御国より秋後江府へ参勤の家人あれば必ず年の豊凶を問はせられ、豊年と申上ぐれば御機嫌よく御喜びの色見られ、凶年と申上ぐれば甚だ御不興の御気色ありて、百姓ども定めて難儀すべしと仰せられ、御屈情ありける。

【現代語訳】

（伊東長詮公は）穏やかで優しく、とても情の深い人物であり、十一、二歳になる頃から、参勤交代で江戸にやって来る家臣に、その年の米の出来具合を質問され、「豊作です」と家臣が答えると、たいそう喜ばれたが、凶作だと聞くと非常に機嫌が悪くなり、「百姓たちはきっと苦労するのだろうな」と言って、気を落とされていた。

長詮が藩主となって数年が過ぎた頃、領内一帯で大規模な干ばつが発生し、深刻な水不足に陥った。その際、長詮は領民たちの窮状に大変心を痛め、自ら進んで質素倹約に努めるとともに、領民たちに多くの救済米を給付するなどの対策を講じた。

『真備町史』などの記述によると、岡田藩領内一帯で干ばつが起こったのは明

▼吉備之志多道
同書は、吉備群書集成刊行会によって、昭和六年（一九三一）に刊行された『吉備群書集成 第一巻』に収録されている。

和七年（一七七〇）頃とされ、この一件以降、長詮に対する領民たちの評価はさらに高まったと伝えられる。

安永七年（一七七八）、伊東長詮は、実の父親である長丘よりも早くこの世を去っているが、その際、領民の多くが仕事を休んで喪に服し、〝名君〟長詮の死を嘆き悲しんだとされる。

江戸時代の〝名君〟と聞くと、岡山藩の池田光政《いけだみつまさ》★や会津藩の保科正之《ほしなまさゆき》★などの名が挙げられることが多いが、伊東長詮も、彼らに勝るとも劣らない温和怜悧《おんわれいり》の名君であったといっても決して過言ではないだろう。

しかしながら、この世に完璧な人間が存在しないように、名君・長詮にも大きな欠点があったとされる。長詮は、いわゆる人材登用の才能がなかったというのである。

『岡山県史（第八巻）』によると、長詮は安永六年（一七七七）に、安田一学なる人物を藩の家老職に抜擢している。安田は家老職に就任して以来、その権力を利用して自身の政敵を排除するだけでなく、藩内の領民から相次いで不正な献金を集めるなど、傍若無人な政治を行ったという。しかし、安永七年の長詮の死去によって、安田はその権力を次第に失うこととなった。

古川古松軒は、長詮の人柄を評価する一方で、安田一学を起用した長詮の判断については厳しく批判している。

▼池田光政
岡山藩主として五十七年間にわたり藩政改革に努め、治水・新田開発のほか、士民の教育を推進し、閑谷学校を創設したことでも知られる。

▼保科正之
三代将軍家光の異母弟で、保科家の養子となり、寛永二十年（一六四三）には会津藩主となる。家光の死後、四代将軍となった家綱を補佐し、幕政にも関与した。

古今東西を問わず、組織のリーダーにとって、「優秀な人材を如何にして見極めるか」というテーマは、常に頭を悩ませる問題なのかもしれない。

さて、長詮の死後、岡田藩主の座は、長詮の子伊東長寛《ながとも》が継ぐこととなるが、長寛は岡田藩の財政健全化や教育政策などに尽力した人物として知られている。次項では、八代藩主伊東長寛について、その概略を述べる。

伊東長寛の長期政権

伊東長寛は、若くして家督を継いで以来、嘉永三年（一八五〇）に亡くなるまで、実に七十二年間にわたり岡田藩主を務めた。

この七十二年という在位期間は、当時としては極めて異例の長さであるといえる。例えば、徳川十五代将軍の中で、最も在位期間が長い十一代将軍徳川家斉でも、その治世は五十年ほどである。また、我が国の歴代天皇のうち、残された文献資料などの正確性が高いとされる、二十九代欽明《きんめい》天皇以降の記録の中で、最も長い在位期間を誇る昭和天皇と比較しても、その差は歴然としている。さらに、世界に目を向ければ、令和四年（二〇二二）九月に惜しまれながらも崩御した、イギリスのエリザベス女王（エリザベス二世）の在位期間は七十年であり、フランスのブルボン王朝の最盛期を築き、「中世以後の国家元首として最長の在位期間を持つ人物」としてギネス記録にも認定されている太陽王・ルイ十四世の治世が七十二年間であった。すなわち、伊東長寛の治世は、現行のギネス世界記録に匹敵する長さだったのである。

余談だが、岡田藩歴代藩主の中で在位期間が最も短いのは、九代藩主伊東長裕であり、その治世はわずか十年余りであった。とはいえ、他藩の事例と比較すると、伊予国大洲《おおず》藩の八代藩主であった加藤泰行は、藩主就任後一年足らずで病死しているほか、広島藩十代藩主の浅野慶熾《あさのよしてる》は、就任から半年を待たずしてこの世を去っている。このような観点から考えると、伊東長裕の「十年」という治世は、一概に短いとはいい切れないだろう。

長寛は、安永七年（一七七八）に先代藩主長詮が四十三歳で死去したことに伴い、弱冠十四歳にして岡田藩の八代藩主に就任した。長寛がその七十年以上にわたる治世の中で、特に力を入れたとされるのが、重臣の浦池九淵《うらいけきゅうえん》（浦池左五郎、浦池潜とも呼ばれる）とともに行った藩の財政改革である。

江戸中期以降、全国の諸藩において財政の悪化が深刻化し始めると、各藩は状況の打開に向けて様々な対策を講じることとなる。当時の岡田藩においても、他の例にもれず財政悪化の状況は続いており、石高一万石余りの小藩にとっては、藩財政の健全化はまさに至上命題の一つであった。

伊東長寛と浦池九淵による一連の財政改革の内容については、本章の「岡田藩における財政改革」の項目で、その詳細を述べようと思う。

さて、岡田藩の歴史を語る上で、避けては通れない話の一つに、領民たちが時の為政者たちと闘った「新本義民騒動」がある。次節では、騒動の発端や経緯、その結末などについて整理したい。

2

新本義民騒動——義民四人衆の功績

領民と領主との関係は比較的良好であったといわれる岡田藩。しかし、岡田藩政にも影の部分が確かに存在する。入会山の対応をめぐって時の為政者と闘い、そして、華々しく散っていった「義民四人衆」。彼らの〝ふるさと〟を思う強い意志は、現代にも脈々と受け継がれている。

岡田藩政の光と影

いくつかの文献では、岡田藩は初代藩主伊東長実《ながざね》以降、歴代藩主が善政を行い、領内は安定的に統治され、領民と領主の関係も良好であったとの記載が見える。確かに、江戸黎明期から明治維新に至るまで、改易や減封などの処罰を受けることなく、一貫して同じ一族による統治が行われた例は、全国的に見ても必ずしも多くはない。

万一、領内でお家騒動や大規模な百姓一揆が起これば、藩主の「監督不行き届き」として、幕府から厳しい処罰を受けることもあった。実際に、それぞれ時代は異なるものの、沼田藩主であった真田信利や郡上藩主金森頼錦《かなもりよりかね》などは、領内で発生した大規模な百姓一揆の責任を問われ、改易処分となっているほか、島原藩主高力隆長《こうりきたかなが》は、重税に苦しんだ領民の訴えにより、幕府から処罰を受けている。

大名家が為政者としての地位を長く保つためには、一族の世嗣を残し、お家騒動などの内紛を起こさないことはもちろんのことながら、領民との関係を良好に保つことも非常に重要である。その点、岡田藩における備中伊東氏の治世は、及第点に達しているといえるだろう。

しかし、物事には必ず光と影があるように、備中伊東氏による二百五十年以上の長い統治期間にも、当然ではあるが、影の部分が存在する。その最たる例が、享保年間（一七一六〜一七三六）、五代藩主伊東長救《ながひら》の治世に発生した「新本義民《しんぽんぎみん》騒動《そうどう》」であろう。

新本義民騒動とは、岡田藩領の新庄村・本庄村の領民たちが中心となり、入会山の返還などをめぐって藩と対立した事件である。この騒動は、領主と領民たちとの関係に大きな影響を及ぼしただけでなく、現在を生きる我々にも、多くの教訓を与えるできごととして語り継がれている。

この騒動が発生した背景には、どのような要因が存在するのか。そして、この一連の騒動に参画した領民たちは、如何にして時の為政者と闘ったのか。以降では、新本義民騒動の背景やその経緯を概観しながら、当時の人々の〝想い〟を探ってみたい。

騒動の発端

新本義民騒動は、初代藩主伊東長実《ながざね》の時代、領内に存在していた入会山を藩側が差し押さえたことに端を発する。入会山とは、農民たちが、薪などの燃料や植物を採取するために共同で管理を行っていた山林のことで、当時の人々にとっては、日常生活を送るために必要不可欠な場所であった。岡山にゆかりのある昔話「桃太郎」の冒頭に、「おじいさんは山へ柴刈りに――」という一節があるが、この時、おじいさんが柴刈り★に行ったのも、おそらく村の入会山であろう。

藩によって差し押さえられた入会山は「留山」と呼ばれ、藩の厳格な管理のもと、許可なく山に立ち入り、動植物の採取を行うことが禁じられていた。

岡田藩による入会山の差し押さえは、年を追うごとにその範囲を拡大させていき、五代藩主伊東長救の時代には、残されていた新庄村・本庄村にまたがる大平山や春山などの入会山が差し押さえられた。これにより、領民たちは、薪や植物などを自由に採取することができなくなり、日々の生活に大きな影響を及ぼした。また、藩は領民たちに対して、山で伐採した材木などを陣屋のある岡田村まで運搬することを命じたが、この労働に対する対価はかなり低い額に設定されていた。『真備町史』によれば、木材の運搬には、新庄村・本庄村の領民たちを中心

▼柴刈り
焚き木になる小枝などの収集や山の手入れをすること。

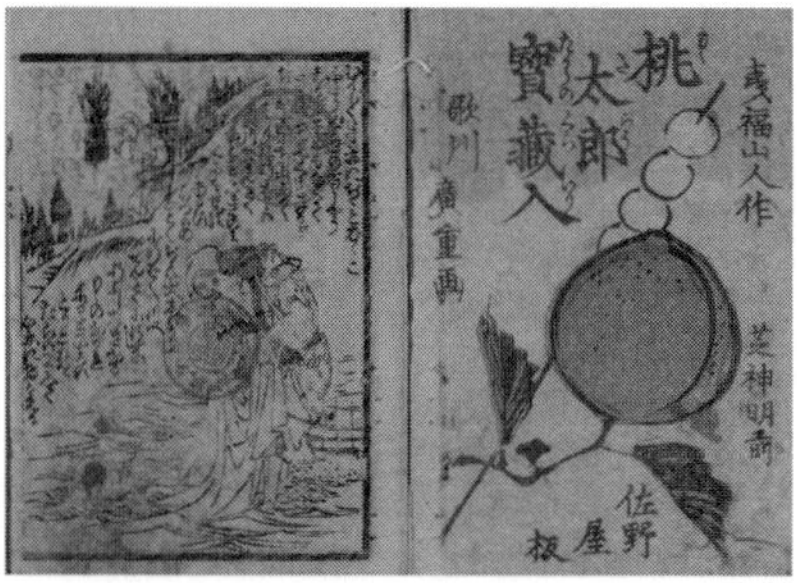

桃太郎宝蔵入　夷福山人作　歌川広重画
（国立国会図書館国際子ども図書館蔵）

に、のべ四〇〇〇人もの人員が投入されたと記述されている。

なお、『岡山県史（第八巻）』によると、岡田藩が入会山の差し押さえを断行した理由の一つには、悪化する藩財政の健全化を図る目的があったとの見解が示されている。

さて、藩と領民たちの間に大きな軋轢が生じたことに伴い、新庄村・本庄村の領民たちは、享保二年（一七一七）一月に、入会山の解放と材木運搬の中止を求めた嘆願書を藩側へ提出した。その内容はおおむね次のようなものであった。

一、お殿様におかれましては、当村の草山を次々に留山として領民の立ち入りを禁止されました。そのために、領民たちは日々の生活が困難となっています。このような状況を受け、領民二〇八名のうち、五名を除く二〇三名一同で、御公儀に留山の拡大をお断り申し上げます。
一、お殿様がこの状況を不憫に思い、山を元の状態に戻してくださるなら、領民一同は非常に幸せに存じます。
一、御家中における木材の運搬について、享保元年の七月にお支払いいただいた給与では弁当代にもなりません。そのため、材木運搬の作業についてもお断りしたいと思いますので、何卒ご理解をいただきますようお願い申し上げます。

対する藩側は、領民らの要求を拒否し、両者の意見は真っ向から対立することとなった。こうした事態を受け、備中伊東氏の菩提寺でもある源福寺をはじめ、伊東氏とゆかりのある寺院の住職らが仲介役を務め、領民たちと藩側とで協議が行われることとなった。

同年四月、両者の協議の結果、領民側が大きく譲歩し、入会山の一部が制限付きで開放されることとなった。これにより、新庄村・本庄村の入会山をめぐる一連の事態は収束に向かうかに見えたのだが……。

義民ら、発起す

領民たちと藩側との協議が行われた翌年の享保三年（一七一八）二月に、事態は再び動き出すこととなる。この月、藩は正式な許可を得ずに木々の伐採を行った者がいるとして、容疑者の身柄の引き渡しを領民たちに要求した。しかし、領民側はこの要求を退け、藩側との対決姿勢を鮮明にした。領民たちはさらに、当時、岡田藩江戸屋敷に詰めていた藩主長救に対し、一連の騒動について直訴することを決め、松森六蔵《まつもりろくぞう》・荒木甚右衛門《あらきじんえもん》・川村仁右衛門《かわむらにえもん》・森脇喜惣治《もりわききそうじ》の四名に書状を託し、江戸へと送り出した。

▼**節翁公実録**
この文書は、岡山県が発刊した『岡山県史　第二十六巻　諸藩文書』（二六九-三〇六頁）に収録されている。なお、「節翁公」とは長救の戒名である「節翁院義功浄山」に由来する。

当時、藩の役人などを通さず、藩主へ直談判をすることは「越訴《おっそ》」と呼ばれており、これは厳罰の対象となっていた。領民たちも当然そのことを理解していたはずだが、たとえ自らの命を危険にさらしたとしても、事の次第を藩主に訴え出ねばならなかった。入会山をめぐる一連の騒動は、新庄村・本庄村の領民たちにとって、まさに死活問題であったのである。

さて、藩主への直訴のために江戸へ向かった四名の動向であるが、これについては、長救の治世についてまとめられている『節翁公実録★』にその詳細が記載されている。ここで、『節翁公実録』の内容をもとに、江戸へと向かった六蔵たち四名の動きを簡単に整理しておきたい。

藩主への直訴の結果、領民たちの要求はおおむね受け入れられることとなるが、一方で、それに伴う代償はあまりにも大きなものだった。

以降では、直訴を受けた藩側の対応や義民四人

享保3年における義民四人衆および関係者の動向

2月13日	松森六蔵ら4名（義民四人衆）が、藩主への直訴のため、江戸へ向けて出発する。また、時を同じくして、事態収拾のために、藩士守屋勘兵衛が江戸に向かっている。
2月29日	義民四人衆が江戸に到着する。
3月2日	義民四人衆が、岡田藩の江戸屋敷へ出向くも、藩の役人から門前払いを受ける。
3月4日	3月2日に続いて、4名はあらためて、岡田藩の江戸屋敷へ出向き、役人と押し問答を繰り返した末、藩主長救への直訴に成功する。直訴の後、4名は江戸屋敷に拘束される（なお、この領民たちからの直訴については、時の幕府老中水野忠之にもその情報を伝え、指示を仰いでいたとされる）。
3月10日	藩主長救が、領民たちの訴えを聞き届けたという情報が、国元の岡田陣屋に届けられる。
3月19日	国元において、一連の騒動に加担した領民たち（およそ15名）が投獄される。
4月25日	事態の収拾のために江戸に駐在していた、守屋勘兵衛が国元に帰還する。
5月29日	藩士木村忠右衛門らが、義民四人衆を連れて、国元へと帰還する（その後、義民四人衆は有井村の牢に投獄される）。

衆の処遇、そして、一連の騒動の結末について見ていきたい。

藩の対応と義民たちの最期

藩主長救への直訴の後、岡田藩は、新庄村・本庄村の領民らの取り調べを行い、そのうち、一五名余りの領民を重要参考人として捕縛した。

長救に直訴した四名は、一時、岡田藩江戸屋敷に拘束されていたが、享保三年（一七一八）五月には、現在の倉敷市真備町有井にあったとされる牢屋に投獄されている。その後、わずか一週間ほど後に、高梁川の支流の一つで、岡田藩領を流れる新本川の飯田屋河原にて、四名の処刑が執り行われた。処刑時の四名の年齢は、松森六蔵《まつもりろくぞう》が七十七歳、荒木甚右衛門《あらきじんえもん》が四十四歳、川村仁右衛門《かわむらにえもん》が四十四歳で、森脇喜惣治《もりわききそうじ》は三十六歳であった。

また、藩による処罰は、打ち首となった四名の家族にもおよび、家や財産などは差し押さえられ、一族は領外追放となっている。

なお、岡山県教育委員会の資料によれば、松森六蔵・荒木甚右衛門・森脇喜惣治の三名は西明寺に、川村仁右衛門は円尾寺にそれぞれ埋葬されたという。

さらに藩側は、騒動に加担した領民たちへの処罰の手を緩めることなく、一連の騒動において、数十名にもおよぶ領民が何らかの処罰を受けたとされる。

一方、騒動のきっかけを作った岡田藩側は、幕府などから公的な処罰を受けたという記録は確認できない。しかし、藩主長救は、新本義民騒動が起こってから五年後の享保八年に、藩主の座を息子である長丘に譲り、自身は隠居している。長救の胸中には、処刑した四名をはじめ、新庄村・本庄村の領民たちに対する何らかの想いがあったのかもしれない。

現代に受け継がれる義民四人衆の功績

騒動の後、新庄村・本庄村の領民らは、騒動の末に犠牲となった、松森六蔵《まつもりろくぞう》・荒木甚右衛門《あらきじんえもん》・川村仁右衛門《かわむらにえもん》・森脇喜惣治《もりわききそうじ》の四名を「義民四人衆」と呼び、彼らの霊を弔うため、「義民社」と呼ばれる祠を建立しているほか、四名が処刑された河原には「義民碑」と呼ばれる石碑を建て、その功績を称えたとされる。

ところで、現在、我々が目にすることのできる義民碑は、近代になってから建て替えられたものであり、石碑に刻まれた文字は、備中国出身で、二十九代内閣総理大臣を務めた犬養 毅によって書かれたものと伝わっている。

騒動から二百年が経った大正七年（一九一八）には、「義民四人衆二百年祭」が開催された。これ以降、現在に至るまで、総社市の新本地区では、義民四人衆の功績を称える「義民祭」が毎年七月に開催されている。新本義民祭では、大正期

新本義民碑

に制作されたと伝わる「新本義民踊り」が披露されるほか、平成十二年（二〇〇〇）からは、新本義民騒動をモチーフにした子どもたちよる演劇「義民さま」が上演されている。★

自らの命を懸けて為政者と闘い、村の人々の生活を守った「義民四人衆」。彼らの故郷を思う意志は、令和となった今にも受け継がれている。

なお余談ではあるが、当地ともゆかりの深い探偵小説家横溝正史の著作『夜歩く』の中には、次のような一節がある。

数代以前、即ち江戸時代の末期に古神家の御領内に百姓一揆みたいなことが起こったことがある。その際、四人農民代表が江戸へ走って将軍家に直訴を企てた。直訴は当時の法度だから、四人の者はすぐに古神家に下げ渡されて打首かなんかになったが、私の郷里ではいまでも四人衆様という神社があって、毎年その御命日には盛大なお祭りをするそうだ。

騒動の発生時期や藩主の名前など、細かな違いは見られるものの、この一説が「新本義民騒動」や「義民四人衆」をモチーフに描かれていることは、誰の目にも明らかであろう。

このように、「義民四人衆」の行動は、現実世界だけではなく、物語世界の中

▼「義民さま」が上演されている。
「高梁川流域連盟」のホームページでは、総社市の伝統行事・芸能一覧として、新本義民祭の様子が紹介されている。

義民墓
（総社市観光プロジェクト課提供）

においても語り継がれているのである（なお、横溝正史の経歴や同地域との関係については、コラム∴「探偵小説家・横溝正史疎開の地—名探偵・金田一耕助のふるさと」を参照）。

新本義民騒動から三百年以上の月日が流れた今日、松森六蔵・荒木甚右衛門・森脇喜惣治・川村仁右衛門の「義民四人衆」は、総社市新本の地で、永く安らかな眠りについている。

新本義民祭
（新本享保義民奉賛会提供）

3 岡田藩における財政改革

江戸中期以降、全国諸藩が財政再建に取り組む中、岡田藩においても、八代藩主伊東長寛と浦池九淵を中心に藩の財政改革が進められた。九淵による改革は、岡田藩における「寛政の改革」とも称され、九淵の非凡な才能を世に知らしめた。

財政悪化の原因と財政改革への着手

今日、我が国の多くの地方自治体において、早急に解決しなければならない大きな課題の一つに、「財政健全化」の問題がある。この財政をめぐる諸課題は現代に限った話ではなく、江戸時代においても、幕府や諸藩にとって、非常に頭を悩ませる問題の一つであった。

元来、幕府や諸藩においては、領内で生産された米などを年貢として取り立て、この年貢をもとに財政運営を行っていたが、江戸時代中期になると、商工業の発展や商品作物★の生産拡大に伴い、貨幣を中心とした経済活動が社会全体に浸透し始める。その一方で、米の価格は下落傾向にあり、年貢収入を基盤とした幕府や諸藩の財政運営は次第に混迷を極めるようになる。なお、この時期の幕府では、

徳川吉宗像
（東京大学史料編纂所蔵模写）

▼商品作物
綿や煙草など、商品として販売するために栽培された農作物のこと。

紀州徳川家出身の徳川吉宗が八代将軍に就任し、享保元年（一七一六）には、質素倹約による経費削減や上米制★の確立などによる幕府財政の健全化に着手している。いわゆる「享保の改革」である。

全国諸藩においては、前述の米価の下落に加え、幕府による参勤交代などの手伝い普請や、自然災害の発生による臨時出費が重なり、負債額は次第に増加傾向にあった。このため、各藩では年貢率の増加や倹約令の発布などを中心とした財政健全化策を打ち出した。しかしその一方で、年貢を納める側の百姓たちの不満は次第に増大していった。

さて、諸藩が財政悪化の問題に直面する中、岡田藩においても、藩財政の悪化は深刻化しており、享保二年には、先述した通り、藩と領民との間で、入会山をめぐり「新本義民騒動」が発生している。

享保八年、五代藩主長救《ながひら》の隠居に伴い、長丘《ながおか》が六代藩主の座に就いたが、領民との関係を修復しつつ、一方では、藩財政の健全化を図るという非常に難しい舵取りを迫られていた。

『実相公実録』によれば、当時の岡田藩では、借金の返済が滞っており、藩士の給与削減を含め、質素倹約の強化を図っていたとされる。享保九年に長丘が家中に宛てた覚書には、次のような内容が記されている。

▼上米制
財政困窮を救うために、臣下に上納させた米のこと。享保の改革の際には、一万石につき一〇〇石の割合で米を上納させる代わりに、参勤交代で江戸に在住する期間を半年に短縮するなどの措置が取られた。

一、家督を相続して以来、藩財政の悪化によって、家中に事あるごとに引米（減俸）を申し付けてきたことについては気の毒に思うが、大坂での金銭の借り入れも難しい状況にある。そこで、苦渋の決断ではあるが、今年の暮れに、藩に上米（上納金）を納めることを命じる。

一、引米（減俸）のうえは、身分不相応の暮らしをしても構わないので、自らの職務を全うすることに注力してほしい。

一、着物などについては、従前から倹約に努めるように申し付けてきたが、今後は、みすぼらしい着物を着ても構わないので、より質素倹約に努め、妻や子どもなどにも、絹織物を与えることがないようにすること。

一、何か用を命じるときは、藩が「借し人」を申し付けるので、身分の低い者は少なくすること。

一、以前も申し付けた通り、御祝儀などは簡素なもので済ませ、倹約令に違反しないようにすること。また、土産や餞別は無用である。

一、江戸奉公の際には、給人（知行地を有している者）でも召使一名を随行させることを許可する。使者として赴く場合は、「借し人」のほか、道中の荷物持ちを一名申し付けるので、全体的に簡素にすること。

一、下級武士は、より簡素に過ごすことを心掛け、江戸では召使を雇わなくてもよいようにすること。また、着物などは、あり合わせのものを用いること。

一、右のように定めるうえは、役人に贈り物を渡してはいけない。

一、今年の暮れの上納品は、来年の暮れまでその納入を猶予することとする。

このような財政状況の中、享保十七年（一七三二）には、西日本の広い範囲で、天候不順や害虫の大量発生に伴う大飢饉（享保の大飢饉）が発生した。『新修倉敷市史（四巻 近世 下）』によれば、この大飢饉によって、岡田藩も相応の被害を受けたとされ、三〇〇〇人以上の領民が飢餓で苦しんだという。また同時期には、藩財政の困窮のため、藩札の発行にも乗り出している。藩札とは、各藩の領内でのみ使用が許された紙幣のことであるが、多くの場合、藩の財政悪化を改善する目的で発行されている。岡田藩における藩札発行の目的もまた同様であった。

少し時代は下り、八代藩主長寛《ながとも》の治世になると、藩財政はまさに破綻寸前の状況に陥っていた。さらに、度重なる水害や寛政二年（一七九〇）に発生した川辺大火などの災害も藩財政を圧迫し、寛政年間には、藩の借金総額が一万両にも上っていたとされる。また、生活が困窮した藩士の中には、藩を出奔《しゅっぽん》（逃亡）した者も多く存在し、藩の運営にも多大なる支障をきたしていた。

このような状況の中、藩主伊東長寛は、藩士の浦池左五郎（浦池九淵《うらいけきゅうえん》）を登用し、財政健全化に向けた改革に着手する。この伊東長寛と浦池九淵による行財政改革は、岡田藩における「寛政の改革」とも称されるが、以降では、改革を主導した浦池九淵の略歴や改革の内容について整理する。

重臣・浦池九淵の財政政策

浦池九淵は、岡田藩江戸屋敷に仕える藩士の家に生まれ、幼少期より勉学に励み、江戸の儒学者である山本北山などにも師事していたとされる。

安永元年（一七七二）、九淵は齢十四にして、次期藩主となる伊東長寛の側役（近習）となり、安永六年に浦池家の家督を相続した。

安永七年、長寛が八代藩主に就任すると、九淵はその才覚を認められ、天明二年（一七八二）に江戸屋敷の納戸役を務めた後、寛政二年（一七九〇）に国元の岡田に移り、寛政七年には表用人（御年寄）に就任している。

九淵が本格的に行財政改革に着手したのは、寛政六年頃からであったとされるが、これ以降、九淵は天保七年（一八三六）に七十八歳で死去するまで、数十年間にわたり岡田藩政の中核を担っていた。

さて、藩主長寛の命により改革に着手した九淵は、寛政六年六月に、領内の各村の領民に対し、改革の基本方針として一六カ条におよぶ法令を発布している。法令の各項目については、『新修倉敷市史（四巻 近世 下）』の中で詳細が記載されているが、その内容は、おおむね次のようなものであった。

浦池九淵による改革の基本方針（要約）

■幕府による「享保の改革」の内容の順守
■質素倹約の徹底
■身分制度の再編および厳格化
■孝行者や勤労者などへの報奨制度の確立
■不孝行者への厳罰化
■不義者の根絶・厳罰化
■生活困窮者への支援策の強化
■農業促進および抑商政策（商工業の利益の抑制）の推進
■五人組制度（隣保組織）による相互扶助および監視機能の強化
■年貢の取り立て強化（年貢不納者への厳罰化）
■領民の意見を聴取するための目安箱の設置

九淵は、自らの政策の徹底を図るため、各村々の治安維持を担っていた村目付の権限を強化して厳重な取り締まりを行ったほか、自らも江戸や大坂に何度も赴き、情報収集などを積極的に行っている。

九淵による財政改革の結果、文化元年（一八〇四）時点で、約一一〇〇〇に上っていた藩の借金額は、一年半の間に八〇〇〇両程度まで減少しており、改革の成果は一定程度あったものと考えられる。しかしながら、これによって藩の財政再建が完全に果たされたわけではなく、藩財政は依然として厳しい状況にあったのもまた事実である。九淵の政策については、その成果を称賛する声もある一方で、問題の根本的解決に至っていないとの指摘もある。

ところで、浦池九淵の名は、岡田藩だけでなく、他藩の資料の中にも確認することができる。次項では、その一例として、備後国福山藩の「福府義倉《ふくふぎそう》」の設立に関する内容を紹介しておきたい。

「義倉」と九淵

「義倉《ぎそう》」とは、一義的には、飢饉《ききん》や凶作といった不測の事態の発生に備えて、平時から米や穀物を備蓄しておく倉庫のことを意味する。我が国においては、律令制の時代にその原型が見られ、江戸時代には、老中松平定信《さだのぶ》が主導した「寛政の改革」の一環として、全国各地で整備が進められた。なお、富裕層の人々が穀物を提供し、藩などの公的組織が中心となって倉の管理・運営が行われていたものを「義倉」と呼ぶのに対して、一般庶民がそれぞれの財力などに応じて穀物を出し合い、倉の管理・運営も庶民らによって行われていたものは「社倉《しゃそう》」と呼ばれている。

備中国においては、「寛政の改革」の実施よりも一足早い明和六年（一七六九）に、窪屋《くぼや》郡倉敷村（現・岡山県倉敷市）の医師で儒学者でもあった岡雲臥《おかうんが》と、庄屋の播磨屋安右衛門（原田季昵）が発起人となり、倉敷村の有力者や寺院など七〇名以上の協力者（義衆）の尽力もあって「倉敷義倉《くらしきぎそう》」が創設されている。

さて、「福府義倉」は、文化元年（一八〇四）に、備後国福山藩千田村（現・広島県福山市千田町）の庄屋であった河相周兵衛《かわいしゅうべえ》が中心となり設立された。この「福府義倉」の設立に際して、浦池九淵は、自らが所有していた中井竹山《ちくざん》の著作『社倉私議』を、河相周兵衛に貸与したとの記録が残されている。

九淵が貸与した『社倉私議』には、「社倉」に関する基本的な事柄のほか、著者である中井竹山が理想とする組織体制や、社倉制度のあり方などについて詳細に記載されており、社倉・義倉の設立を目指す者にとっては、まさに〝必読の書〟といえるものであったに違いない。

このように、間接的ではあるものの、「福府義倉」誕生の陰には、岡田藩の重臣浦池九淵の存在があったのである。

なお、「福府義倉」や河相周兵衛をはじめとする関連人物の詳細やその動静などについて、本書ではこれ以上の言及は控えるが、詳細については、『シリーズ

藩物語 福山藩』を一読いただければと思う。

さて、浦池九淵の活躍は、藩の財政改革に留まらず、教育分野においてもその手腕を発揮している。次節では、岡田藩における教育政策の動向について、その概要を簡単に整理しておきたい。

④ 岡田藩における学問の奨励

岡田藩においては、武士階級の教育を担う中心的な施設として、寛政七年（一七九五）に藩校「敬学館」が設立された。また、私塾や寺子屋をはじめとする庶民階級の教育施設の設立も進み、多様な人材の育成が行われた。

教育政策と藩校の設立

浦池九淵は財政改革のほかにも教育政策にも注力しており、人材育成の分野でも多くの功績を残している。九淵が主導した教育政策の一つが、藩校「敬学館」および「演武場」の創設である。

藩校とは、主に、藩士の子弟を教育する機関として藩が設置した教育施設であり、江戸中期以降は多くの藩が藩校を設立し、その数は江戸時代を通じ、二百数十校にも上っている。★

岡田藩では、寛政六年（一七九四）に、武術の稽古場として「演武場」が設立され、翌年には藩校「敬学館」が創設されている。

敬学館および演武場での教育内容としては、馬術、剣術、弓道などの武術の鍛

▼**二百数十校にも上っている。** 文部科学省（学制百年史編集委員会）がホームページ上で公開している情報による。なお、同ページでは、江戸期の教育の状況のほか、我が国の戦時下、戦後の教育制度についても詳細に記載されている。

錬のほか、座学として、漢学（朱子学）などの講義が行われていた。『真備町史』によると藩校の教育科目は以下の通りである。

士族の子どもは、七歳（または八歳）になると藩校に通うことになっていたが、基礎的な文字の読み書きなどを学ぶ「習字」については、藩校の科目になかったため、各家庭で教育をするか、寺子屋などで学ぶ場合もあった。明治時代の初期には、藩校に「習字」の科目が置かれ、それ以降は、文字の読み書きも藩校で学ぶようになったとされている。

藩校に通う生徒は、基本的に全科目の履修が必要とされたが、個々人の能力によっては、特定科目のみを履修する場合もあった。

「敬学館」の初代学頭には、岡田藩士で儒学者でもあった佐野琴壑《きんがく》（佐野大介）が就任し、武術の分野においては、岡田藩士の三宅一半斎などが指導にあたっている。さらに、琴壑の孫である佐野琴嶺《きんれい》（佐野小介）も、後に敬学館の教授職に就いている。

時の藩主伊東長寛は人材育成に熱心であったとされ、「優秀な人材は年齢にかかわらず登用する」との考えを家中に示している。

また、『吉備郡史（巻下）』によると、藩主が国元にいる時には、年に一度以上、藩校の視察を行い、生徒や教職員を激励したという。

藩校の授業や運営については、学事掛大目付・教授・助教・句読師・事務員と

藩校における教育科目

漢学（朱子学）
馬術
槍術
練兵（戦闘時の訓練）
遊泳（水泳）
柔術
筆道（楷書、和様）
弓道
剣術
習礼（礼儀作法）
砲術（火縄銃、大砲などの射撃訓練）

岡田藩校　敬学館跡

いった職員を中心に行われており、『総社市史（通史編）』の記述によると、明治初期における職員数は、学事掛大目付：一名、教員：二一名、事務員：一八名、その他職員：三名の計四三名であった。また、同時期の生徒数は、学問の通学生が六五名程度、剣術の通学生はおよそ一三〇名に上っている。

庶民教育の奨励

前項では、武士階級の教育施設である藩校について述べたが、ここでは、庶民階級の教育制度について整理しておきたい。

江戸時代初期の庶民教育は、主として、各家庭や地域社会の中で行われてきたが、江戸時代中期になると、「寺子屋」や民間有志が設立した「私塾」などの民間教育施設が、庶民教育における重要な位置を占めるようになる。

『日本教育史資料』によれば、岡田藩領においては、私塾が一三校、寺子屋が一五校確認できる。各施設の概要は次頁に示す通りである。

私塾の中で最も早く開校したのは、岡田村の「尚古斎」であり、その創立は天明元年（一七八一）とされる。これは、藩校「敬学館」設立の十年以上前のことであった。一方、寺子屋の中で最も早く開校したのは、天保二年（一八三一）に創設された「有隣堂」であるが、これについては、藩校設立後の開校となっている。

一般的に、寺子屋では簡単な文字の読み書きや、計算などを中心に講義が行われていたとされ、岡田藩内の各寺子屋においても、講義科目として、「習字」を掲げているものが多数を占めている。一方の私塾では、寺子屋よりも、高度かつ発展的な内容を教えていたといわれるが、岡田藩内の私塾では、「漢学」が主な講義科目となっており、中国由来の儒教を中心とした講義が行われていたものと考えられる。

また余談ではあるが、『真備町史』の記述によれば、岡山県下では、江戸時代後期以降、多くの寺子屋や私塾が設立され、幕末期には、寺子屋が「一〇三一校」、私塾が「一四四校」存在している。なお、全国各県との比較では、寺子屋数は全国三位、私塾数は全国一位を誇っている。現代でも、岡山県は教育政策に力を入れているが、幕末から明治期においても、岡山県が教育政策に積極的に取り組んでいたことが

岡田藩領における私塾・寺子屋の一覧

名称	学科（科目）	所在地	創立年	区分
剛　塾	漢学	岡田村	1836年	私塾
不動斎	漢学・算術・筆道	新本村	1840年	私塾
尚古斎	漢学	岡田村	1781年	私塾
南山塾	漢学	岡田村	1838年	私塾
益習学舎	漢学	岡田村	1863年	私塾
有隣堂	習字	岡田村	1831年	寺子屋
蘭　堂	習字	川辺村	1871年	寺子屋
〃	習字	川辺村	1865年	寺子屋
思誠亭	習字	下二万村	1848年	寺子屋
臨川亭	習字	下二万村	1845年以降	寺子屋
大榎堂	習字	上二万村	1849年	寺子屋
翠松亭	習字	上二万村	1854年以降	寺子屋
二階堂	習字	上二万村	1853年	寺子屋
〃	習字	陶　村	1842年	寺子屋
〃	習字	陶　村	1862年	寺子屋
行餘堂	習字	妹　村	1870年	寺子屋
朝日堂	習字	妹　村	1868年	寺子屋
杏林舎	読書・習字	市場村	1864年	寺子屋
〃	読書・算術・習字	市場村	1847年	寺子屋
〃	習字	辻田村	1856年	寺子屋

わかる（ここでは、参考までに、中国地方各県および東京、大阪、京都の三府における寺子屋・私塾数を示しておく）。

寺子屋・私塾以外の庶民の教育施設としては、各藩の藩主や代官などが設置した郷学★が挙げられる。代表例としては、岡山藩主池田光政が設立した閑谷学校などがある。岡田藩においても、十代藩主伊東長𧦅が、慶応年間（一八六五～一八六八）に「郷学校」を創設し、庶民教育を奨励している。

中国地方各県および三府（東京・大阪・京都）における寺子屋・私塾数の比較

	寺子屋（校）	私塾（校）	計
東京府	488	123	611
大阪府	788	20	798
京都府	566	34	600
島根県	682	73	758
鳥取県	212	4	216
山口県	1,307	106	1,413
広島県	257	65	322
岡山県	1,031	144	1,175

▼郷学
江戸時代から明治時代にかけて存在した教育機関で、大きく分けて、藩士の子弟を対象とした藩校に準じる施設と、藩主や代官、民間有志などが設立した庶民教育のための施設の二種類がある。

5

小藩岡田の〝過ぎたるもの〟

「岡田藩に過ぎたるものが三つあり」と、川辺宿の里謡にもうたわれた、浦池九淵・岡田新道・時の鐘。
石高万石余りの小藩岡田にはあまりにも立派過ぎるとまで評され、
現代にもその偉業が伝わる〝三つのもの〟について紹介する。

〝過ぎたるもの〟三つ――川辺宿の流行り歌

感情を揺さぶる歌詞や美しい音の調べ――。音楽はいつの時代も、人々に、勇気と希望、そして様々な示唆を与えてきた。現代にも多くの人々に歌い継がれる「流行り歌」があるように、江戸時代にも、人々の間に広く流布した歌が多くある。

江戸時代、川辺の宿駅でよく歌われたという流行り歌（里謡《りよう》）の中に、次のようなものがある。

「岡田藩に過ぎたるものが三つあり。浦池、新道、時の鐘」

この歌の歌詞にある「過ぎたるもの」とは、〝石高一万石余りの小藩には立派過ぎるもの〟という意味である。「浦池」とは、本章の「岡田藩における財政改革」、「岡田藩における学問の奨励」の項目でも述べた、岡田藩の重臣浦池九淵のことを指す。では、残りの「新道」、「時の鐘」とは何を意味するのか。ここでは、〝小藩岡田には立派過ぎる〟と評された「新道」と「時の鐘」について概説しておきたい。

地域を繋ぐ大動脈・「岡田新道」

「新道」とは、岡田藩領内の艮《うしとら》御崎神社《おんざきじんじゃ》（現・岡山県倉敷市真備町川辺二〇八）から岡田藩郡会所（現・岡山県倉敷市真備町岡田三九五〈真備岡田地区公園〉）まで続く道路のことで、通称、「岡田新道」と呼ばれている。

この岡田新道が整備されたのは、五代藩主伊東長救《ながひら》の時代であったという。岡田新道が整備される以前は、岡田村と川辺村を結ぶ道路は十分に整えられておらず、人々の往来や藩主の参勤交代などに支障をきたしていた。そのため、藩主長救は享保三年（一七一八）に、岡田藩士守屋勘兵衛《もりやかんべえ》（守屋重行）を「新道奉行」に任命し、新たな道路の整備を命じたとされる。

守屋勘兵衛は、先述の「新本義民騒動」の際に、事態の対応にあたるべく奔走

岡田藩郡会所跡から見た現在の岡田新道

した人物であるが、勘兵衛は岡田藩における土木事業に数多く携わっており、後述する小田川改修工事の際にもその手腕を発揮している。

勘兵衛によって整備された岡田新道は、現在の「岡山県道　二七八号　宍粟真備線」の一区間に相当するが、現在でも同地域の主要道路としての機能を果たしている。

岡田藩の名鐘・「時の鐘」と稲荷宮

岡田藩の政庁が岡田村の御山屋敷（岡田陣屋）へと移転したのは、五代藩主伊東長救の治世であることはすでに述べた通りだが、岡田陣屋への政庁移転に際し、領内の繁栄祈願と陣屋の守護のために建立されたのが稲荷宮（稲荷神社）である。「時の鐘」とは、稲荷宮に設置された釣鐘のことを指す。この釣鐘は、主に領内に時刻を知らせるために鳴らされたものだが、有事の際には、警鐘としての役割も果たしたとされる。

なお、『真備町史』によれば、この「時の鐘」の価格は「価銀二貫一三〇匁」であるとされている。一概に断定することは難しいが、銀一貫は銀一〇〇〇匁であるので、金一両（銀六〇匁）を「七五〇〇〇円」と仮定して現代の貨幣価値に換算すると、二七〇万円前後の値段になるのではないかと推定される。

この「時の鐘」があった稲荷宮は、歴代の岡田藩主によって手厚く保護されており、歴代の藩主や、その親族などが寄進した灯籠や鳥居が並び、常夜燈も存在していたとされる。また、毎年行われる初午大祭の際には、一般の領民たちも自由に参拝することが許されており、身分にかかわらず多くの人々から信仰を集めていた。

明治四年（一八七一）の廃藩置県に伴い、備中伊東氏が東京に移住することになった際、藩主伊東長𧦅は、藩の絵師に命じて四枚の絵馬を描かせ、岡田藩領内の稲荷宮・穴門山《あなとやま》神社・東薗《ひがしその》神社・西園《にしその》神社の四社に奉納したとされる。

新時代「明治」の到来とともに、地域社会の様相もまた大きく変容する中で、稲荷宮の社殿は次第に荒廃していった。しかし、廃藩から一世紀以上が経った今日、稲荷宮は地域住民らの尽力により再建されている。

余談にはなるが、伊東長𧦅が絵馬を奉納した穴門山神社・東薗神社・西園神社についても、概要を整理しておきたい。

穴門山神社は、現在の倉敷市真備町妹に鎮座する神社であり、日本武尊《ヤマトタケルノミコト》の妃で、吉備武彦《きびのたけひこ》の娘にあたる穴戸《あなと》武姫命《たけひめのみこと》（吉備穴戸武媛、穴戸武媛、穴門武姫なども呼ばれる）を祭神としている。永正年間（一五〇四～一五二一）には戦火に見舞われ、社殿などが消失した後は、永らく再建の目途が立っていなかったものの、享保五年（一七二〇）に五代藩主伊東長救が社殿を再興している。また、六代藩

再建された岡田藩邸の稲荷宮

主伊東長丘は、延享二年（一七四五）に拝殿の増築工事を行っている。

穴門山神社の創立年は明らかになっていないが、平安時代中期に編纂された『延喜式★』にその名が記されていることから、古くから信仰を集めていたと考えられている。ところが、現在の岡山県総社市川上町にも同名の穴門山神社が存在し、どちらが『延喜式』に記載された「穴門山神社」であるのかという論争が長年続いている。

東薗神社の歴史は、天正三年（一五七五）に毛利輝元が当地に来た際、陣中の守護のために祭神を迎えたことに端を発すると伝わっている。江戸時代に入ると備中伊東氏の庇護を受け、元禄十四年（一七〇一）には、五代藩主伊東長救によって本殿が造営された。

西園神社は、倉敷市真備町市場に存在した馬入堂山城《ばにゅうどうさんじょう》の城主を務めた白神《しらが》果《か》春《しゅん》によって、天文九年（一五四〇）に創建された神社である。当初は西園八幡宮と呼ばれていたが、明治維新に伴い「西園神社」に名称が変更された。祭神は八幡神（応神天皇）で、もともとは地域の守護神として崇拝されていた。江戸時代に入り、岡田藩四代藩主伊東長貞が川辺陣屋から岡田村の中村陣屋に拠点を移して以降は、備中伊東氏の氏神として明治期に至るまで、白神氏が宮司を務めたとされる。

また、西園神社には、歴代岡田藩主やその家臣などが様々な品物を寄進してお

▼延喜式
醍醐天皇の命によって編纂された平安時代中期の法令集。全五〇巻のうち、巻九・十（延喜式神名帳）には、当時の全国の神社の一覧がまとめられている。

東薗神社

郵 便 は が き

お手数ですが
切手をお貼り
ください。

１０２－００７２
東京都千代田区飯田橋３－２－５
㈱ 現 代 書 館
「読者通信」係 行

ご購入ありがとうございました。この「読者通信」は
今後の刊行計画の参考とさせていただきたく存じます。

ご購入書店・Web サイト
書店　都道府県　市区町村
お名前《ふりがな》
〒 ご住所
ＴＥＬ
Ｅメールアドレス
ご購読の新聞・雑誌等　特になし
よくご覧になる Web サイト　特になし

上記をすべてご記入いただいた読者の方に、毎月抽選で
５名の方に図書券５００円分をプレゼントいたします。

お買い上げいただいた書籍のタイトル

本書のご感想及び、今後お読みになりたいテーマがありましたらお書きください。

本書をお買い上げになった動機（複数回答可）

1. 新聞・雑誌広告（　　　　　　　　）　2. 書評（　　　　　　　）
3. 人に勧められて　4. ＳＮＳ　5. 小社ＨＰ　6. 小社ＤＭ
7. 実物を書店で見て　8. テーマに興味　9. 著者に興味
10. タイトルに興味　11. 資料として
12. その他（　　　　　　　　　　　　　　　　　　）

ご記入いただいたご感想は「読者のご意見」として、新聞等の広告媒体や小社Twitter 等に匿名でご紹介させていただく場合がございます。
※不可の場合のみ「いいえ」に○を付けてください。　　　　いいえ

小社書籍のご注文について（本を新たにご注文される場合のみ）

●下記の電話や FAX、小社 HP でご注文を承ります。なお、お近くの書店でも取り寄せることが可能です。

TEL：03-3221-1321　FAX：03-3262-5906
http://www.gendaishokan.co.jp/

ご協力ありがとうございました。
なお、ご記入いただいたデータは小社からのご案内やプレゼントをお送りする以外には絶対に使用いたしません。

り、その崇敬の厚さをうかがい知ることができる。

なお、現在の西園神社にある石柱の文字は、地元出身の書道家井上桂園《けいえん》（井上政雄）が揮毫《きごう》している（井上桂園の略歴などについては、コラム：「旧岡田藩領出身の文化人たちの功績」を参照）。

⑥

岡田藩における宗教の様相

岡田藩における宗教の状況に関しては、キリスト教に対する弾圧のほか、いわゆる「四国遍路」を模した霊場が存在するなど、全国諸藩と類似した傾向が見て取れる。他方、備前・備中地域ともかかわりの深い、黒住教や金光教などの新興宗教との関係は、いまだ不明瞭な点が多い。

キリスト教の禁令

江戸時代の黎明期においては、国内でのキリスト教の布教活動は黙認されていたものの、西欧諸国の影響力の拡大や、キリスト教徒の団結による一揆の誘発などを恐れた幕府は、慶長十七年（一六一二）にキリスト教の信仰や布教活動を行うことを禁止する「禁教令」を発布し、さらには、寺請制度（檀家制度）を設けるなど、キリスト教に対する弾圧政策を展開した。

寛永十四年（一六三七）の十月下旬には、九州の島原・天草地方のキリシタンなどが主体となり、重税からの解放やキリスト教信仰の承認を求めて、幕府勢力に反旗を翻した「島原・天草一揆」が勃発した。この島原・天草一揆を契機に、幕府によるキリスト教の弾圧は一層加速した。寛永十七年には、幕府直轄領内に

踏絵キリスト像（ダイヤモンド上のキリスト像）
（東京国立博物館蔵　出典ColBase　https://colbase.nich.go.jp/）

宗門改役を置いてキリシタンを厳しく取り締まり、寛文四年（一六六四）には全国諸藩にも同様の役割を担う役職が創設され、いわゆる「宗門改」が展開された。この宗門改は、明治六年（一八七三）に廃止されるまで、二百年以上の長きにわたり実施されることとなる。

さて、岡田藩においてもキリスト教の信仰は厳しく禁じられており、キリシタンなどを密告した場合には、報奨金が支払われることになっていた。岡田藩は天和二年（一六八二）に御定書を発布しているが、そこに記載されている報奨金の額は次の通りである。

・バテレン（神父・司祭）を告発した場合：銀五〇〇枚
・イルマン（修道士）を告発した場合：銀三〇〇枚
・立ちかえりの者（キリスト教に再度改宗した信者）を告発した場合：銀三〇〇枚
・同宿幷宗門（キリシタンをかくまっている者）を告発した場合：銀一〇〇枚

バテレン（神父・司祭）を告発した場合に支払われる「銀五〇〇枚」を現代の貨幣価値に換算すると、三五〇〇万円以上になるとされ、報奨金の額を見ても、当時のキリスト教に対して、極めて強い弾圧が行われていたことを如実にうかがい知ることができる。

真言宗と岡田藩領の八八カ所霊場

備中地域は、古くから真言宗の勢力が強い傾向にあり、真言宗系の寺院が数多く存在している。

真言宗は、弘法大師こと空海を開祖とする大乗仏教の一宗派であり、江戸時代には、四国にある空海ゆかり寺院（四国八八カ所霊場）をめぐる、いわゆる「四国遍路」などが流行した。こうした四国遍路を模した霊場は、御府内八八カ所霊場や小豆島八八カ所霊場など全国に見られ、岡田藩領でも「下道郡霊場八八カ所（吉備霊場）」などが存在している。

下道郡霊場八八カ所の成立の時期については、様々な説があるものの、幕末から明治にかけて整備が行われたのではないかと考えられている。そして、明治期には多くの巡礼者が当地を訪れたとされる。

幕末三大新宗教の動向

幕藩体制が次第に崩壊に向かっていた江戸時代末期には、社会情勢への不安の拡大などを背景に、全国各地で新興宗教が勃興した。文化十一年（一八一四）に黒住宗忠《くろずみむねただ》が「黒住教《くろずみきょう》」を創始したほか、天保九年（一八三八）には、中山みきを教祖とする「天理教」が誕生し、安政六年（一八五九）には、川手文治郎《かわてぶんじろう》（赤沢文治）が「金光教《こんこうきょう》」を興している。

黒住教・天理教・金光教の三つは、一般に幕末三大新宗教とも呼ばれるが、このうち、黒住教は備前、金光教は備中が発祥の地であることから、それぞれの地域との関係が深いことでも知られている。

黒住教、金光教ともに、それぞれの拠点を中心として、周辺地域に勢力を拡大していったが、岡田藩では、黒住教、金光教がどの程度の勢力を誇っていたのかは未詳とされる。

⑦ 岡田藩と傑物たち

江戸期に地理学者として活躍した古川古松軒、藩校「敬学館」で教鞭を執り、岡田藩の教育政策にも尽力した佐野琴壑、佐野琴嶺をはじめ、岡田藩は多くの傑物を輩出している。岡田藩にゆかりのある偉人・賢人たちと、彼らが残した偉大な功績や逸話を様々な観点から紹介する。

〝藩の礎を築いた忠臣〟仙石定盛と藩の賢臣たち

仙石氏（千石氏）は、古くから伊東氏に仕えた一族であり、伊東氏の発展に大いに貢献したとされる。

仙石定盛《せんごくさだもり》（仙石平左衛門）は、伊東氏が備中国川辺に所領を与えられた際、川辺の地に先行して赴き、領内の実質的な政務を取り仕切っていたとされる。

また、『真備町史』によると、初代藩主伊東長実が大坂夏の陣で敗走し、高野山へ逃れた際、定盛は単身で徳川家康の元へ赴き、主君の許しを請うたという。結果として、家康は関ヶ原の功績を理由に伊東氏を不問に付して所領を安堵したが、定盛の行動は、まさに忠義の臣と呼ぶに相応しい行動といえるだろう。

定盛のこれらの功績から、岡田藩立藩後は、藩の家老職を仙石氏の一族が世襲するなどの厚遇を受け、藩政に大きく貢献したとされる。
なお、岡田藩を支えた家臣には、先述の浦池九淵や守屋勘兵衛といった賢臣が数多く存在し、彼らの活躍が、岡田藩の発展に大きく寄与していたと考えられる。

〝文武両道〟佐野琴壑・佐野琴嶺

佐野琴壑《きんがく》は、岡田藩に仕える武士の家に生まれ、岡山藩士であった湯浅常山《ゆあさじょうざん》★や、幕府の儒官として活躍した林述斎《じゅっさい》★の元で儒学を学び、藩校の設立にも尽力した人物である。

琴壑は、江戸で儒学を修めた後、安永九年（一七八〇）に国元へ戻り、自身の邸宅で子弟の育成に努めていたという。その後、藩校敬学館が設立されると、琴壑は初代学頭に任命され、岡田藩の教育政策の中心的存在として活躍した。

佐野琴嶺《きんれい》は、先述した佐野琴壑の孫にあたり、祖父同様に藩校の教授職を務めた人物として知られている。

琴嶺は、赤穂藩の儒学者で医学者でもあった神吉東郭《かんきとうかく》や、幕府直轄の教育機関であった昌平坂学問所《しょうへいざかがくもんじょ》で教鞭を執った安積艮斎《あさかごんさい》などに師事し、勉学に励んだとされる。さらに琴嶺は、戦国期に〝越後の龍〟とも評された上杉謙信の戦術を基礎に発展した「越後流兵法（越後流軍学）」にも精通していたとされ、まさに〝文

▼湯浅常山
江戸時代中期の儒学者であり、戦国期の忠臣や事跡、様々な逸話をまとめた『常山紀談』の著者としても知られている。

▼林述斎
江戸後期の儒学者で、江戸幕府の公式史書『徳川実紀』の編纂にも携わったことで知られる。

林述斎画像
（東京大学史料編纂所蔵模写）

武両道〟を体現した人物であった。

佐野琴壑、佐野琴嶺を輩出した佐野家に伝わる『佐野家文書』は、その歴史的価値が高く評価されており、『真備町史』などの編纂にも大きな影響を与えている。

〝遅まきの賢人〟古川古松軒

古川《ふるかわ》古《こ》松軒《しょうけん》は、江戸時代中期に日本各地を旅し、多くの記録（紀行文や見聞記）を世に残した地理学分野の先駆者として、広くその名が知られている。

古松軒は、享保十一年（一七二六）、岡田藩領新本村（現・岡山県総社市新本）に生を受け、本名を古川辰《たつ》（古川正辰とも呼ばれる）といった。

古松軒の幼少期から青年期までの経歴については、現存する資料が少なく、いまだ不明な点が多いが、幼くして母親を失い、母方の祖母によって育てられたとされる。二十歳の頃には京都で生活をしていたとされ、いつしか岡田藩（岡田村）に戻り、「仲屋」という薬屋を営んで生計を立てていた。

若かりし頃の古松軒は、かなり荒れた生活を送っていたとされる。四十代の頃には博奕（博打）に明け暮れ、借金を作って他者とトラブルになるなど、およそ〝賢人〟とはかけ離れた前半生を過ごしていた。

しかしながら、古松軒が五十歳を過ぎた頃から、彼の才能が一気に開花し始める。天明三年（一七八三）、古松軒は約半年をかけ、山陽道から九州諸国を巡り、各地で見聞きした事柄などを『西遊雑記《さいゆうざっき》』（全七巻）として取りまとめた。また、天明八年には幕府の奥羽巡検使として、奥羽（東北地方）から蝦夷・松前（北海道）を巡る旅をし、その成果を『東遊雑記《とうゆうざっき》』（全十二巻）として発表した。古松軒、六十三歳の偉業であった。

『西遊雑記』と『東遊雑記』については、古松軒の著作の中でも評価が高く、とりわけ、『東遊雑記』は幕府にも献上され、地理学分野の名著として、後の世の文化人・知識人たちに大きな影響を与えたとされる。

幕府からの信任を得た古松軒は、寛政六年（一七九四）には、武蔵国（江戸近郊）の地理調査を命じられ、『四神地名録』などの編纂を行っている。このような功績から、幕臣への登用も検討されたものの、高齢を理由に辞退し、齢七十にして郷里の岡田に戻った。寛政七年には、時の岡田藩主伊東長寛から苗字帯刀を許され、古松軒は武士待遇となっている。

晩年、古松軒は岡田藩領の岡田村や有井村で余生を過ごしているが、岡田村の自宅に古い松があったことから「古松軒」を名乗ったとされる。また、後に有井村に移り住んだ際には、同じく、自宅の庭に植えてあった竹にちなみ、「竹亭」と号している。

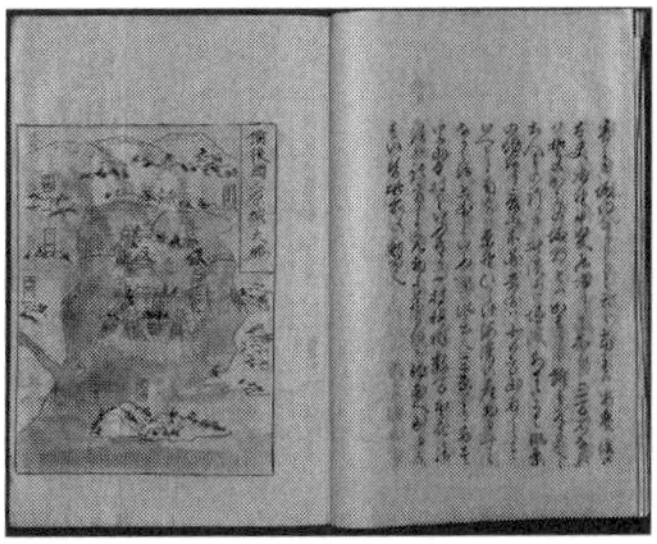

西遊雑記
（国文学研究資料館蔵）

古川古松軒肖像
（函館市中央図書館蔵）

文化四年（一八〇七）、古松軒は、その八十二年におよぶ激動の人生に幕を閉じた。古松軒の墓は、岡山県総社市新本の宅源寺《たくげんじ》にあり、「古松軒夫婦之墓」と刻まれた墓石が建てられている。

古松軒が没してから、百年以上が経った明治四十三年（一九一〇）には、彼の功績を称えて、「正五位」の官位が贈られているほか、昭和四十年（一九六五）一月二十日には、「古川古松軒の墓」が総社市の史跡に指定されている。

繰り返しになるが、古松軒の活動やその業績が世に知れ渡ったのは、いわゆる人生の晩年期であった。古松軒自らが「遅まきの人」と称しているように、その生涯は、まさに大器晩成であったといえよう。

古松軒の著作は、江戸期における各地の歴史や文化、地理・景観、風俗・物産、民衆生活について整理しているだけでなく、他地域の状況との比較検討や、当時の地域社会が抱えていた政治的・社会的問題について、独自の視点から考察が行われている。彼が遺した貴重な資料からは、〝遅まきの賢人・古川古松軒〟の非凡な才能を読み取ることができる。

さらに、古松軒が遺した著作は、日本民俗学の父とも評される柳田國男をはじめ、様々な分野の研究者や知識人たちから高く評価されており、現在でもなお、学術的研究が進められている。

古川古松軒の墓
（総社市観光プロジェクト課提供）

塩尻梅宇と稀代の英傑たち

塩尻梅宇《しおじりばいう》（塩尻雄右衛門）は、文化元年（一八〇四）に、岡田藩領である備中国下道郡川辺村（現・岡山県倉敷市真備町川辺）の庄屋の家に生を受けた。

岡田藩に出仕してからは、藩の〝儒臣《じゅしん》〟として、教育政策などの分野で活躍し、藩校敬学館の教授職も務めた。

儒臣とは、古代中国・春秋戦国時代の思想家である孔子《こうし》を始祖とした儒教（儒学《じゅがく》）の教えに精通した臣下のことを意味する。儒臣の一例としては、徳川家康のブレーンとして頭角を現し、江戸幕府成立以降は、二代将軍秀忠、三代将軍家光、四代将軍家綱に至るまで、四名の徳川将軍に仕えて政治を取り仕切るとともに、儒学の一派で、幕府の御用学問となる「朱子学《しゅしがく》」の発展に尽力した林 羅山《らざん》（林 道春《どうしゅん》）の名前が挙げられよう。

さて、塩尻梅宇も儒学（朱子学）を学ぶため、美濃国（現・岐阜県）出身の儒学者であり、『言志四録《げんししろく》』の作者としても知られる佐藤一斎のもとで勉学に励んだ。梅宇が師事した佐藤一斎は、一説によると三〇〇〇名以上の弟子たちを世に送り出したといわれるが、それ故に、梅宇の同門には、数多くの〝稀代の英傑〟たちがいたのである。

例えば、洋学や西洋砲術に通じ、吉田松陰、坂本龍馬、加藤弘之をはじめ、幕末から明治にかけて活躍する偉人らを育てた佐久間象山《さくましょうざん》や、兵学に長け、板垣退助や勝海舟といった〝維新の立役者〟たちに多大なる影響を与えた若山勿堂《わかやまぶつどう》（若山壮吉）など、具体的な名前を挙げれば枚挙にいとまがない。

『岡山県人名辞書』などの記載によれば、梅宇は学問に打ち込む傍《かたわ》ら、前述した佐久間象山や若山勿堂のほか、安積艮斎《あさかごんさい》や林鶴梁《かくりょう》といった、様々な分野で功績のある英傑たちとの親交を深めたとされる。

また『真備町史』によると、朱子学に批判的な立場をとる儒学の一派である「陽明学《ようめいがく》」に傾倒していた、大坂町奉行所与力の大塩平八郎とも交流があったとされ、梅宇の見識の深さをうかがい知ることができる。

このように、多様な意見を持つ人々との交流によって、塩尻梅宇の高い素養が培われていったのかもしれない。

ところで、塩尻梅宇は時の岡田藩主伊東長寛《ながとも》の命を受け、長寛の息子である伊東長之や伊東長生（伊東遜斎）らとともに、吉備地方にゆかりの深い、「吉備大臣」こと吉備真備《きびのまきび》を顕彰するための石碑の建立にも携わっている。吉備真備と岡田藩との関係などについては、「岡田藩と吉備真備の墓」の項目でその詳細を述べようと思う。

明治九年（一八七六）一月、徳川政権による幕藩体制の終焉と、「明治」という新たな時代の到来を見届けた塩尻梅宇は、その七十三年にわたる生涯を終えている。

余談ではあるが、太平洋戦争の終戦の後、神戸大学や帝塚山学院大学の教授職を歴任し、代表作『或る遺書について』をはじめ、数多くの著作を残した哲学者の塩尻公明《しおじりこうめい》は、塩尻梅宇の子孫と伝わっている（なお、塩尻公明の略歴や氏の著作などについては、コラム：「旧岡田藩領出身の文化人たちの功績」を参照）。

〝薩摩の蔓を斬る！〟文十郎事件　荒木文十郎

荒木《あらき》文十郎《ぶんじゅうろう》（荒木高政、荒木文十とも呼ばれる）は、尾崎村（現・岡山県倉敷市真備町尾崎）の生まれで、その先祖は織田信長に仕えた武将であり、茶人としても有名な荒木村重であるとされる。

天明七年（一七八七）五月九日、薩摩藩主が参勤交代で、国元に戻る道中、薩摩藩の関係者が、先発として尾崎村に入った際に事件は発生した。

この日、薩摩藩士の江藤金左衛門と浜島助右衛門は、尾崎村の畑岡にある茶店で休憩がてら酒を飲んでいた。かなり酔いが回った江藤と浜島は、勘定を済ませて店を出ようとした際、金銭の両替をめぐって茶店の関係者と口論になった。この時、茶店の主人はあいにく留守にしており、店主の妻が対応にあたったが、薩摩藩士たちの理不尽な要求は次第に度を越していき、一向に埒が明かない状態となった。困り果てた茶店側は、隣家に住む荒木文十郎に事情を話して助けを求めた。文十郎は、両者の仲裁に入り、薩摩藩士らに謝罪したものの、酒に酔っていた江藤らの激高は収まらず、とうとう江藤金左衛門が刀を抜き、文十郎に切りかかった。剣術に覚えのあった文十郎は、とっさに江藤の刀を避けると、その刀を奪って反対に江藤を斬り付けた。不意を突かれた江藤はそのまま絶命。一方の浜島助右衛門は、文十郎に恐れをなして、一目散にその場から逃げ去った。

〝荒木文十郎、薩摩藩士を斬る〟の一報を受け、岡田藩家中は大騒ぎとなり、事態の鎮静化に向け、早急に対策を講じる必要に迫られた。事件後、文十郎はすぐに岡田藩の役人に捕まるが、文十郎の処遇をめぐって、岡田藩の役人は大変頭を悩ませたという。

我が国の現代の法律で考えれば、文十郎の行動は、「相手方が理不尽に文句を言ってきた挙句、刀で斬りかかってきたので、自分の身を守るためにやむを得ず応戦した」ものであり、刑法第三六条の「正当防衛」が適用され、「無罪」も視野に入る案件だと思われる。しかし、当時の社会制度の中では、そう単純に物事は進まない。文十郎が切り殺した相手は、大藩薩摩の藩士であり、岡田藩としては、この事件によって、薩摩藩との間に禍根を残すことは何としても避けなければならない状況であった。万が一、薩摩側が報復行為に出るようなことがあれば、小藩岡田の未来は絶望的である。

このような状況から、最終的に岡田藩が下した判断は、「荒木文十郎を死罪に処する」という極めて重たいものであった。『真備町史』によると、文十郎が処刑されたのは、天明七年六月二十九日であり、事件発生からわずかひと月半後のことであったとされる。

ところで、藩士を殺害された薩摩側の対応はどのようなものであったのだろうか。先行研究によれば、岡田藩から事件の報告を受けた薩摩側の返答は、「当該事件の処罰は、岡田藩の法律で行ってほしい」、「薩摩藩側への容疑者（荒木文十郎）の引き渡しは必要ない」、「突発的に発生した事件で、岡田藩に迷惑をかけて申し訳ない」といった内容であったとされる。

薩摩藩としては、藩士が他藩の領地で理不尽な行動をとっただけでなく、あろうことか、「民間人」である文十郎に、曲がりなりにも武士である者が、自身の刀を奪われ一刀両断に切り捨てられたという事実は、極めて恥ずべき内容であり、これ以上深くかかわりたくないというのが本音だったのかもしれない。

さて、文十郎が処刑された後、岡田藩の領民たちは、身分の低い者に横柄《おうへい》な態度をとった薩摩藩士や、事件後の岡田藩の対応などを風刺した歌を作り、文十郎の死を悼んだとされる。現代にも伝わる、その歌の内容は次の通りである。

「畑岡に　薩摩の蔓が伸び過ぎて　辻を止めたる　荒木文十」

現在、倉敷市真備町尾崎の山中には、荒木文十郎の墓が残されており、その墓前には文十郎事件の内容を伝える石碑が建っている。この石碑は、明治時代に文十郎の子孫が建立したもので、碑文を書いたのは、漢学者で二松學舍大学の創設者としても知られる三島中洲《みしまちゅうしゅう》である。

〝岡田大男〟小田大三郎

江戸時代においては、士農工商（四民）とも呼ばれる身分制度の中で、武士・百姓・職人・商人のそれぞれの身分に応じて、権利や役割が与えられていた。支配階級である武士（士）は、苗字を名乗ることが許され、刀の帯刀などの特権を有しており、他の身分（農工商）よりも高い身分とされていた。しかしながら、士農工商の各身分は厳格に固定されていたわけではなく、百姓などが武士として登用されることもあった。具体例としては、備中松山藩士山田方谷《やまだほうこく》や北方探検家の最上徳内《もがみとくない》のほか、令和三年（二〇二一）のNHK大河ドラマ「青天を衝け」の主人公渋沢栄一などが挙げられる。

さて、岡田藩においても、農民の身分でありながらも、ある理由から藩士に取り立てられた人物がいる。その人の名は、小田大三郎といった。

小田大三郎は、もともと有井村（現・岡山県倉敷市真備町有井小山）の農民の生まれで、当初は武士階級ではなかったとされる。しかし、大三郎は、岡田藩領内で一番の大男であったという理由から、藩士として召し抱えられたという珍しい経歴を持っている。

『真備町史』によれば、大三郎は、身長が二メートルを優に超える大男で、その体格から、「岡田大男」の異名を取り、江戸にまでその名が知られていたという。

身長二メートル以上というと、現代の基準で考えてもかなりの高身長であるが、江戸時代の男性の平均身長が一五六センチメートル程度であったことを踏まえると、大三郎は、まさに〝巨人〟と呼ぶに相応しい人物だっただろう。

また、下級藩士が帯刀する一般的な刀（打刀）の長さが二尺三寸程度（約七〇センチメートル）であったのに対し、大三郎は、長さ五尺四寸（約一六四センチメートル）もの刀を使っていたとされる。

人並外れた体格を持った大三郎だが、武士としての剣術の腕はどの程度であったのだろうか。これに関して、江戸時代後期に、剣術修行のために全国を旅した佐賀藩士牟《む》田《た》高惇《たかあつ》（牟田文之助）が残した日記、『諸国廻歴日録』によれば、大三郎の剣術の腕は至って未熟であり、高惇が大三郎との剣術の試合を申し込んだ際には、土壇場になって、大三郎側から試合を断られたとの逸話が記されている。

一方で、大三郎は文武両道に秀でた藩士だったとの逸話も残されており、その真偽については定かではない。とはいえ、平均的な成人男性の背丈以上の大太刀を身に着けた、身長二メートルを超える大男が目の前に現れれば、その人物が強いか弱いかにかかわらず、相当な威圧感を相手に与えることは想像に難くない。

岡田藩と吉備真備の墓

倉敷市真備町の町名の由来にもなり、奈良時代に朝廷の中枢で活躍したのが、吉備大臣の名でも知られる吉備真備《きびのまきび》である。天平十八年（七四六）に朝廷から吉備姓を賜るまでは、下道真備《しもつみちのまきび》と称している。

吉備真備は、持統九年（六九五）、備中国下道郡周辺（現・岡山県倉敷市真備町箭田周辺）を本拠としていた豪族・下道氏の家系に生まれた。真備の父下道圀勝《しもつみちのくにかつ》は、朝廷の右衛士少尉《うえじのしょうじょう》（下級武官）であったとされ、真備自体は決して身分の高い出自ではなかったという。

しかしながら真備は、幼少期から非常に頭が良い人物であったとされ、霊亀二年（七一六）には、二十代前半にして遣唐留学生（遣唐使に同行した留学生）に抜擢されている。

吉備真備像
（倉敷市観光課提供）

養老元年（七一七）、遣唐使に随行して唐へ渡った真備は、その後、約二十年にわたり唐で勉学に励んだ。なお、真備とともに唐へ渡った人物の中には、藤原《ふじわらの》不比等《ふひと》の三男で、藤原式家の祖となった藤原宇合《ふじわらのうまかい》や、歌人としても有名な阿倍《あべの》仲麻呂《なかまろ》、法相宗の僧であった玄昉《げんぼう》などがいた。

帰国後は、唐での留学の成果を高く評価され、聖武天皇のもとで異例の大出世を遂げる。天平十年（七三八）に、橘諸兄《たちばなのもろえ》が右大臣に就任すると、真備はその側近として活躍する。これに不満を抱いた藤原宇合の子、藤原広嗣《ふじわらのひろつぐ》が九州の大宰府で反乱を起こしたものの（藤原広嗣の乱）、最終的に失敗に終わっている。

天平勝宝元年（七四九）、新たに孝謙天皇が即位すると、当時急速に勢力を拡大させていた藤原仲麻呂により、真備は九州に左遷される。

しかし、その翌年には遣唐副使（使節団の副代表）に任ぜられ、人生で二度目の入唐を果たした。その様子は平安時代に制作された『吉備大臣入唐絵巻』でも広く知られている。その際、唐の僧である鑑真の招聘《しょうへい》に尽力している。帰国後は再び九州に赴任し、数年間を大宰府で過ごした。

天平宝字八年（七六四）に、藤原仲麻呂が謀反を起こすと（藤原仲麻呂の乱）、真備は乱の鎮圧に尽力し功績を上げた。天平神護二年（七六六）には、真備はこれまでの功績により右大臣に昇進している。

宝亀二年（七七一）、真備は高齢を理由に自ら職を辞し、宝亀六年に八十余年の

吉備大臣入唐絵巻（摸本）
（東京国立博物館蔵　出典ColBase　https ://colbase.nich.go.jp/）

生涯に幕を閉じた。

家柄やその出自が大きく出世に左右する当時の朝廷において、地方豪族の出身である真備が右大臣まで出世できたのは、極めて異例である。また、学者の身で右大臣職まで昇進したのは、「学問の神」として崇められる菅原道真と吉備真備だけとされている。

なお余談ではあるが、吉備真備はその才能ゆえに様々な伝説が残されている。具体的には、「真備は陰陽道の開祖である」、「カタカナを発明したのは真備である」、「真備は囲碁の名手で、日本に囲碁を伝えた」など、例を挙げれば枚挙にいとまがない。これらの話は、必ずしも学術的根拠のあるものばかりではないが、真備の非凡な才能を今に伝える逸話として語り継がれている。

ところで、歴代の岡田藩主たちの中には、真備の功績を称え、真備ゆかりの地を手厚く保護した者もいた。

古川古松軒が記した『吉備之志多道《きびのしたみち》』によれば、四代藩主伊東長貞《ながさだ》は、吉備真備の墓とされる場所の発掘調査を行い、その際に出土した遺物や遺骨などから、その場所が吉備真備の墓であることを確認したとされている。以来、同地は吉備真備の墓として広く知られることとなり、多くの信仰を集めたという。また、岡田藩は真備の墓を発掘した後、隣接していた真蔵寺の名称を「吉備寺《きびじ》」に変更し、吉備真備を顕彰したとされる。

吉備寺（山門）

吉備寺（真蔵寺）は、飛鳥時代に建立された箭田廃寺《やたはいじ》跡に建てられた寺院であり、古代の吉備地方において一大勢力を誇った吉備氏の氏寺《うじでら》とされる。境内からは、国の重要文化財にも指定された「花枝文字瓦《かしもんのきがわら》」や「蓮華文鬼瓦《れんげもんおにがわら》」、「四葉蓮《しようれん》華文鐙瓦《げもんあぶみがわら》」をはじめとする遺物が出土しているほか、箭田廃寺の礎石なども残されている。

長貞の後を継いだ、五代藩主伊東長救《ながひら》は、吉備寺の修造事業を実施しているほか、吉備真備の肖像画を寺に寄進したとの記録があり、関連施設などの整備に力を入れていたことがうかがえる。

さらに、八代藩主伊東長寛《ながとも》は、墓の主である真備の業績を称えるため、弘化四年（一八四七）に、自身の子である伊東長之《ながゆき》らに命じて、「吉備公墓碑」を建立している。なお、建碑にあたっては、岡田藩士で儒学者でもあった塩尻梅宇《しおじりばいう》を建碑奉行に任命し、各所との調整などの実務を任せていたとされるが、墓碑建立までには相当の苦労があったことが『真備町史』の記述からうかがい知ることができる。

ところで、ここで一つ大きな〝謎〟を提示してみたい。歴代の岡田藩主たちが手厚く保護してきた「吉備真備の墓」であるが、調べてみると、現代において「吉備真備の墓」とされている場所が、「吉備公墳」のほかにも複数存在することがわかる。例えば、備中国小田郡矢掛《やかげ》（現・岡山県小田郡矢掛町）の地には、下

吉備公墳（吉備公廟）

道氏の墓所とされる場所があり、その中に、「右大臣眞吉備公之墓」と記された石碑が建てられている。また、かつて都が置かれた大和地方（現・奈良県）には、「吉備塚古墳」と呼ばれる古墳が存在し、ここに埋葬されているのが吉備真備だとする伝承もある。

これまでの諸研究の内容を調べる限りでは、吉備真備の墓を断定する学術的な根拠はいまだ見つかっておらず、その真偽は謎に包まれたままである。しかし、もし「吉備公墳」が真備の墓でないとすれば、発掘調査をしたとされる伊東長貞が掘り起こした出土品や遺骨は一体誰のものなのか。

吉備真備をめぐる謎が解き明かされる日は果たしてやってくるのか。いざとなれば、この地にもゆかりの深い、かの名探偵・金田一耕助氏にご登場いただかねばならないかもしれない。

これも岡田

「竹」のまち・「タケノコ」の里 ―真備町

倉敷市真備町における代表的な特産物の一つが「タケノコ」である。真備町は、岡山県内有数のタケノコの産地として知られ、JA全農おかやまの発表によると、岡山県内で採れるタケノコの約八割が真備町産であるとされる。真備町産のタケノコは、一般的なタケノコよりもアクが少なく、やわらかな歯ざわりが大きな特徴である。

真備のタケノコ（倉敷市商工課提供）

真備町周辺の土壌は、タケノコの栽培に適した粘土質の赤土に恵まれており、このことが上質なタケノコを生む要因の一つであるとされる。真備町産のタケノコは、岡山県内のみならず、広島などの隣県や、関東地方にも多く出荷されている。

真備町ではタケノコの生産だけでなく、工芸品や竹炭など、「竹」を用いた様々な製品の生産も盛んに行われており、住民有志らによる「真備町竹工芸同好会」では、「しゃもじ」や「スプーン」といった食器類のほか、「花器」や「孫の手」などの日用品まで、多種多様な作品が製作・販売されている。さらには、竹を材料とした「竹楽器」による演奏活動を行っている「真備町竹のオーケストラ」なども存在し、日常生活の様々な場面で、「竹」や「タケノコ」に触れることができる。

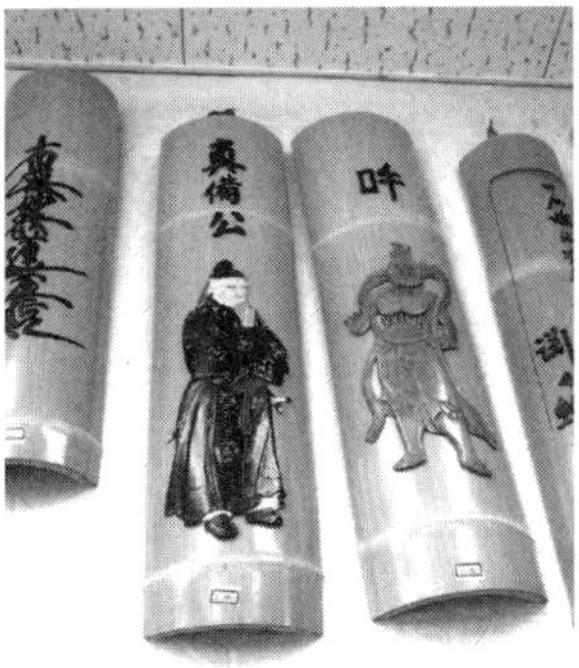

竹製品（倉敷市商工課提供）

真備町と「竹」の関係は古く、一説によれば、今からおよそ百九十年前の江戸期文政年間（一八一八〜一八三〇）に、岡山藩領矢田村（現・倉敷市真備町箭田）出身の妹尾嘉吉《せのおかきち》が、高梁南西の下倉《したくら》から、孟宗竹《もうそうちく》という大型の種類の竹を三本ほど村に持ち帰って植樹したことに端を発するとされる。

『真備町史』によれば、当時、狩猟のために矢田村を訪れていた岡山藩の殿様に、地元で採れたタケノコ料理を振る舞ったところ、殿様がその味を称賛し、このことを契機に、同地でのタケノコ栽培が急速に拡大したとされている。

真備町は、平成十七年（二〇〇五）に現在の倉敷市と合併しているが、旧真備町時代には、「竹」を「町の木」として正式に定めている。さらに、真備町のご当地キャラクターである「マービーちゃん」も、タケノコがそのモチーフとなっている。これらのことからも、真備町と「竹」や「タケノコ」との密接な関係がうかがえる。

さらに、平成二十三年には、真備町内で「真備竹林麦酒醸造所」が操業を開始し、〝たけ〟や〝ささ〟といった「竹」に因んだ名前の地ビールを製造・販売している。このほか、タケノコを用いた〝真備おこわ〟などの料理も存在し、まさに、「竹」づくしのまちといえよう。

真備おこわ（倉敷市商工課提供）

平成三十年七月豪雨（西日本豪雨）により、多くのタケノコ農家が被害を受けたものの、竹林自体は大きな被害はなく、復興が進むにつれて、避難生活を送る農家が収穫のために地元に戻って来るなど明るい兆しが見え始めている。

また、前述の「真備竹林麦酒醸造所」も豪雨によって大きな被害を受けたとされるが、地元住民らを含めた多くの人々の支援によって、復活を遂げている。

令和三年（二〇二一）六月には、復旧工事が続けられていた真備町内最大規模のコンベンション施設である「マービーふれあいセンター」がおよそ三年ぶりに再開された。いまだ多くの課題を残しつつも、天に向かって大きく育つ竹のごとく、豪雨被害からの復興は確実に前に進んでいる。

なお、ここで紹介した各種関連団体の所在地などについては、次に示す通りである。

真備町竹工芸同好会（竹工房）
〔所在地〕
〒七一〇‐一三〇五
岡山県倉敷市真備町市場三九一〇

真備竹林麦酒醸造所
〔所在地〕
〒七一〇‐一三〇一
岡山県倉敷市真備町箭田一六七九‐二

倉敷市たけのこ茶屋
〔所在地〕
〒七一〇‐一三〇一
岡山県倉敷市真備町箭田三六五二‐一
（「まきび公園」内）

マービーふれあいセンター
〔所在地〕
〒七一〇‐一三〇一
岡山県倉敷市真備町箭田四〇‐一

真備町竹のオーケストラ
〔所在地〕
〒七一〇‐一三〇一
岡山県倉敷市真備町箭田四〇‐一（「マービーふれあいセンター」を拠点に活動）

第四章 岡田藩の水害・治水史

度重なる水害と闘った、偉大な先人たちの軌跡をたどる。

高梁川と小田川の合流点を望む

1 恵みと災いの「水」

人類が生きる上で必要不可欠な「水」は、時として、我々の生命をも脅かす災いを引き起こすこともある。〝平成最悪の水害〟とも評された平成三十年七月豪雨はその最たる例といえよう。「水とともに生きる」ことは、人類が背負った宿命の一つなのかもしれない。

「水とともに生きる」ということ

我々が生きる地球は、その大半が「海」という水に覆われており、暗い宇宙に青く浮かぶ奇跡の星〝水の惑星〟とも呼ばれている。

古来より、我々人類は「水」とともに生きてきた。紀元前の文明が大河の流域で成立して以来、人々は水のある場所に集まり、そこに生業《なりわい》や文化が生まれ、そして、現代にもつながる〝まち〟が形成されてきた。

生物がその命をつなぐために、水は必要不可欠な存在である。人間の体も、その大部分が水でできており、水が枯渇すれば、最悪の場合、その命を落とすこともある。

また、「水」は我々人類に多くの恵みをもたらしてきた。舟運技術が確立して以降は、海や川を用いた水運によって、様々な物資が運ばれ、そして、異国の人々との交流の中で、それぞれの土地に根付く歴史や文化を発展させてきた。

〝天の恵み〟とも称される「雨」という水も、米や野菜などの作物を育み、人々の生活に大きな影響を与えてきた。雨が降らなければ作物が育たず、日照りが続けば土地が痩せ細る。場合によっては、大規模な飢饉の引き金となることもあった。

このように、水がもたらす恩恵を挙げれば枚挙にいとまがない。生命が存在する上では、水は切っても切れない存在である。しかしながら、「水とともに生きる」ということは、水がもたらす災いとも隣り合わせであった。

水がもたらす災害は非常に恐ろしい。『旧約聖書』にも描かれる「ノアの方舟」の話では、神によって引き起こされた大洪水によって、方舟に乗り込んだ者たちを除いた地上の生きとし生ける者すべてが洗い流されたという。「水とともに生きる」ことは、我々人類が背負ったある種の宿命なのかもしれない。

災いの「水」

平成二十三年（二〇一一）三月十一日、太平洋沖を震源とする大地震と、それに伴う大津波が東日本を襲い、多くの尊い命が失われた。大震災から十年以上が経った現在でも、いまだ人々の傷は癒えていない。さらに、近年では線状降水帯《せんじょうこうすいたい》などの異常気象によって、局地的な大雨がもたらされ、全国各地で大きな被害を出している。

この線状降水帯という聞きなれない言葉が、多くのメディアで取り上げられるきっかけの一つとなったのが、「平成三十年七月豪雨（西日本豪雨）」であった。この時、現在の倉敷市真備町周辺地域は、堤防の決壊などによる河川氾濫によって、その広範囲が水に浸かり、五〇名以上もの死者を出す大惨事となった。

倉敷市真備町周辺地域は、古くから多くの水害に見舞われてきた。江戸時代、当地を支配していた岡田藩も、幾度となく大洪水に見舞われ、その度に災害復興や防災・減災対応に追われていた。

少々余談にはなるが、本書の執筆に際し、様々な情報や資料を提供していただいた、倉敷市真備町在住のさる古老が語った言葉をここに記しておきたい。

平成三十年の豪雨による水害で、家も財産もすべてなくなった。長い歴史の中で、先人たちも、自分たちと同じようにつらい経験をしてきたと思う。いつも言うことだが、こんなことは二度とあってはいけない。自分は、真備町の水害・洪水の歴史に終止符を打ちたい。

並々ならぬ決意に満ちた古老の瞳は、今でも筆者の脳裏に焼き付いている。

さて、「平成最悪の水害」とも評された平成三十年七月豪雨（西日本豪雨）の発生から早五年の月日が流れた今日、岡田藩がたどった水害や洪水の歴史を見つめ直すことで、過去の教訓を未来に活かし、そして、〝水害・洪水の歴史に終止符を打つ〟ための第一歩としたい。

②岡田藩と水害の歴史

岡田藩およびその周辺地域は、度重なる水害に見舞われる「水害常襲地」であった。とりわけ、享保六年、嘉永三年に発生した大水害では、岡田藩領を含め備中国の各地域に甚大な被害をもたらした。

江戸時代における水害

江戸時代における水害に関しては、詳細な記録があまり多くはないが、『真備町史』によると、貞享年間（一六八四～一六八八）から嘉永年間（一八四八～一八五四）に至るまで、高梁川や小田川の氾濫などに起因する大規模な水害が多々発生しており、その度に、周辺地域に大きな被害をもたらしていたとされる。

先行研究によれば、岡田藩領（現・岡山県倉敷市真備町周辺地域）を襲った水害記録のうち、最も古いものは、慶安五年（一六五二）八月に発生した洪水であり、これによって、川辺村を中心に大きな浸水被害があったとされる。

繰り返しになるが、川辺の地は、舟運および陸上交通の結節点として重要な位置を占めており、藩領の中でも、人口・世帯数が多かったことから、水害発生時の被害は甚大なものであったと容易に想像できる。

以下に示すのは、『真備町史』などの記載をもとに、岡田藩および周辺地域における江戸時代の主な水害の概要を取りまとめたものである。

また、同地域においては、明治以降も大規模な水害が頻発しており、『真備町史』の記述では、江戸期（貞享年間）から大正期にかけて、計二六回もの大洪水が発生していたとされる。同地域は、まさに「水害常襲地」であった。

さて、江戸期における岡田藩領を含めた周辺地域の水害については、先人たちによる諸研究の中でその詳細が記されているが、以降では、先行研究の内容なども踏まえながら、江戸時代における水害の中でも被害が大きく、記録などが比較的多く残さ

岡田藩および周辺地域における水害の概要

1652年（慶安5年）	8月、大雨による洪水により、川辺村および周辺地域に大規模な浸水被害が発生。
1702年（元禄15年）	7月、備前・備中地域を大雨が襲い、川辺村では1尺余り（30センチメートル程度）の床上浸水が発生。また、この年の8月にも、備前・備中地域が暴風雨に見舞われ、高梁川の水位が1丈7尺（約5.1メートル）まで上昇している
1707年（宝永4年）	8月、備前・備中地域で大雨による洪水が発生。また、この年の9月にも、同地域で洪水が発生している。
1721年（享保6年）	7月、豪雨により、高梁川、小田川、成羽川などの複数の河川で氾濫が相次ぎ、岡田藩領をはじめ、備中南部地域を中心に大洪水が発生。この際、川辺宿では、家屋の天井近くまで水に浸かったとされる（享保6年の備中大水害）。
1778年（安永7年）	6月、豪雨により、岡田藩領内で出水が相次ぎ、新庄村・本庄村・八田村などで多数の被害があった。
1836年（天保7年）	小田川などの氾濫によって、川辺村・有井村・下二万村を中心に浸水被害が発生。
1840年（天保11年）	小田川などの氾濫によって、岡田藩領の大部分で洪水被害が発生。
1850年（嘉永3年）	5月末から降り続いた長雨によって、高梁川や小田川などの堤防が決壊し、多数の浸水被害が発生。岡田藩領では、川辺村・有井村・八田村などを中心に大きな被害を受けた（嘉永3年の大洪水）。

（主要なもののみ記載）

れている「享保六年の備中大水害」および「嘉永三年の大洪水」について、その概要を押さえておきたい。

享保六年の備中大水害

享保六年（一七二一）、この年、七月十日頃から断続的に降り続いた大雨の影響で、高梁川、足守川、小田川、成羽川などの複数の河川において、堤防の決壊などによる氾濫が相次ぎ、備中国の南部一帯で大規模な水害が発生したとされる。

岡山県出身の歴史学者である藤井　駿は、当時の記録として、吉備津《きびつ》神社の神職であった江国掃部《えくにかもん》が書き残した『江国掃部略日記』の内容をもとに、備中地域の被災状況や災害発生の経緯などを取りまとめている。

岡田藩内の被害について見ると、「川辺町は梁まで水が寄せたが流出家屋は皆無、ただ水損家屋が百七十軒」との記載があり、川辺の宿場では、天井（梁）近くまで水が押し寄せていたことがわかる。

また、岡山藩・備中松山藩・庭瀬藩などの藩領のほか、幕府領や旗本領に属する各村々でも浸水被害が続出したとされ、「吉備の南部の平野は一面湖水と変って、ただその湖水の中程に、小丘の松島集落（都窪郡庄村）だけが孤島のように浮かんでいた」との記述からも、その被害の大きさをうかがい知ることができる。

享保六年七月に発生した豪雨による災害は、備中の各地域のみならず、全国各地で大きな被害をもたらしたとされ、中国・四国地方はもとより、名古屋や岐阜などの東海地方でも大規模な洪水被害があったとされる。

今日においても、広範囲における豪雨被害がしばしば報道されるが、現代のような情報ネットワークや重機などがない中で、水害への対応にあたっていた当時の人々の努力には頭が下がる。

嘉永三年の大洪水

嘉永三年（一八五〇）の大洪水は、江戸時代における同地域を襲った水害の中でも、とりわけ被害の大きい水害であったとされる。この年、五月下旬から降り続いていた大雨の影響で、高梁川などの河川水量が急激に増加し、六月一日には、小田川流域で堤防が決壊した。これにより、岡田藩領の川辺村・八田村・有井村・下二万村のほか、岡山藩領の矢田村などが水の底に沈んだ。また、時を同じくして、高梁川でも堤防の決壊が起こり、岡山藩領の柿木村周辺が大規模な浸水被害を受けている。

岡田藩の庄屋であった太田卯平太が書き残した日誌『大庄屋役日記』には、当時の被害の様子が克明に記されており、高梁川流域で河川の越水《えっすい》や堤防の決壊が断続的に続き、被害地域も次第に拡大していったとされる。

また、当時の様子を描いた「高梁川嘉永洪水絵図（早島町教育委員会所蔵）」や「嘉永三年水難絵図（倉敷市所蔵『亀山家文書』）」などの絵図を見ると、倉敷や早島などの地域でも浸水被害が発生していたことがわかる。

この嘉永三年の大洪水の結果として、現在の倉敷市周辺地域を中心に、岡山市箕島周辺までの広範囲で浸水被害が発生し、家屋や田畑などの多くが水の底に沈んだとされる。その光景は、洪水によって海底に沈んだとされる伝説上の都市〝アトランティス〟を彷彿とさせるものであったといえよう。

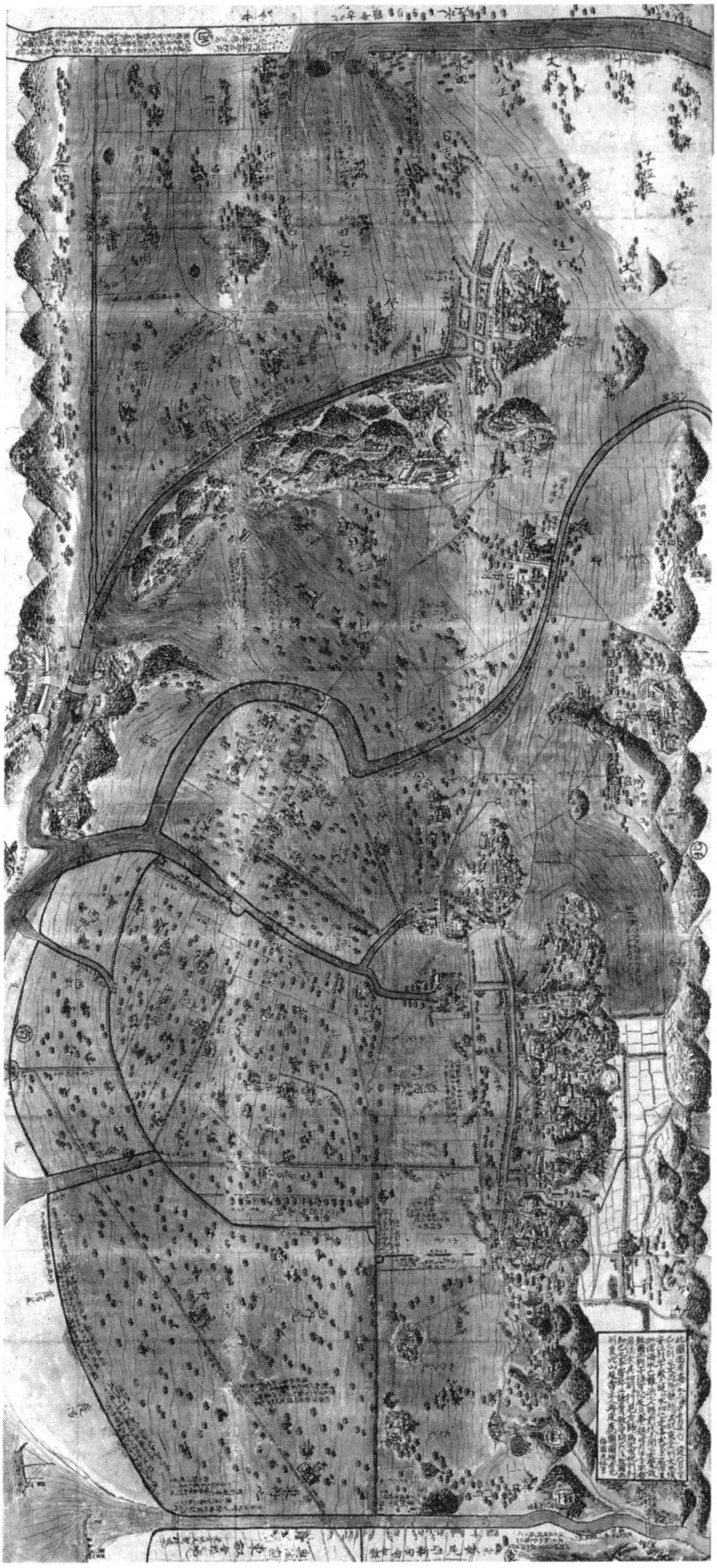

高梁川嘉永洪水絵図（早島町教育委員会蔵）

③ なぜ水害が多発したのか

岡田藩が「水害常襲地」となった背景には、高梁川をはじめとする大規模河川の合流点に位置していたという地理的要因のほか、中国山地における「たたら製鉄」の影響、周辺諸藩との関係など様々な要因が存在したと考えられている。

水害常襲地・岡田藩

すでに述べた通り、岡田藩は舟運による大きな利益を得ていた半面、頻発する水害という自然災害にも対応しなければならない状態であった。岡田藩において水害が頻発した背景には、地理的特徴や近隣諸藩との関係など様々な要因があったと考えられる。

以降では、当時の岡田藩が置かれていた状況などを踏まえながら、当地における水害の発生要因について、いくつかの項目に分けて検討していきたい。なお、本書では、岡田藩領における水害の発生原因のすべてを明らかにするものではないが、先行研究などにおいて、水害発生の主な要因として指摘されている事柄について、その概要を整理する。

備中随一の暴れ川――大規模河川の合流点

第二章「交通の要衝としての岡田藩の位置付け」の項目でも述べた通り、岡田藩は、高梁川や小田川をはじめとした複数の大規模河川の合流点に位置するという地形的特徴を有している。そのため、豪雨などによって高梁川の水量が増えると、その支流である小田川にも大きな影響をおよぼしていた。また、高梁川は、明治時代の後期まで、東西に分流しながら瀬戸内海へ注いでおり、この複雑な河川構造も水害を助長していたと考えられている（これについては、コラム：「東西〝二つ〟の高梁川―高梁川大改修」を参照）。

さらに、高梁川の支流である小田川は、本流の高梁川よりも河川勾配が緩やかであるため、本流の水位が高くなれば、合流する支流の流れがせき止められ、急激な水位上昇や、それに伴う河川氾濫を誘発することとなる。これは、平成三十年（二〇一八）七月豪雨（西日本豪雨）の際に、新聞報道などでも多く取り上げられた「バックウォーター（背水）」と呼ばれる現象であるが、同地では古くから、このバックウォーター現象が発生する要因を多分に孕んでいた。

加えて、高梁川・小田川・末政川などの各河川が「天井川《てんじょうがわ》」となっている点も、大きな地形的特徴として押さえておく必要がある。

天井川とは、河床《かしょう》（川底）が周囲の土地よりも高くなっている川のことを指し、増水の際には、堤防の決壊や河川氾濫の危険性が高くなることが指摘されている。天井川は、川底に土砂などが堆積することで次第に形成されるが、高梁川流域の天井川化を加速させた要因の一つとして、中国山地で盛んに行われていた製鉄事業「たたら製鉄」の影響があったとされる。

たたら製鉄の功と罪

〝真金《まがね》吹く〟は、吉備にかかる枕詞★である。真金は鉄のこととされ、製鉄に必要な風を送る様子を表しているといわれている。鉄にかかわる言葉が枕詞に使われるほど吉備地方では古くから製鉄が盛んに行われており、吉備地方には数多くの製鉄遺跡が点在している。岡田藩のあった備中地域でもこれまでに数多くの製鉄遺跡が確認され、六世紀後半と思われる最古級の製鉄遺跡の発掘調査も行われている。

吉備地方を含む中国山地では、古代から試行錯誤を繰り返しながら日本独特のたたら製鉄の技術が継承されてきた。たたら製鉄とは、酸素と結び付いている砂鉄を炉の中で一緒に入れた木炭を燃焼することで、酸素を取り除き鉄だけにする製鉄技術である。近世になって、製鉄炉の地下に「床釣《とこつ》り」と呼ばれる保温・防

▼枕詞
和歌などに使われる技法の一つで、ある特定の言葉を導出し、和歌の調子を整える働きをする用語のこと。代表例として、「真金吹く（吉備）」のほか、「あをによし（奈良）」、「たらちねの（母）」などが挙げられる。

湿のための大規模な地下施設が造られるようになり、元禄四年（一六九一）頃には「天秤鞴《てんびんふいご》」と呼ばれる強力な送風装置が発明され、こうした技術革新により「近世たたら製鉄」が成立した。

平成九年（一九九七）に劇場公開されたスタジオジブリの名作『もののけ姫』の作中で、たたら製鉄や後述する砂鉄の採取方法である鉄穴流しの作業の様子が、詳細に描かれている。次の機会に『もののけ姫』を鑑賞する際には、このような点に注目していただければと思う。

近世たたら製法の確立以降、中国山地は全国随一の鉄の生産量を誇り、その最盛期には全国の産鉄量の九割以上を占めるまでになった。

このように中国山地で製鉄が盛んであった大きな理由は、良質な砂鉄を採取することができたことが大きい。さらに森林資源にも恵まれ、製鉄過程で必要な燃料兼還元剤である木炭の調達が容易であったという点も挙げられる。

このうち砂鉄は、大きく二つに分けられる。主に出雲地方で産出される真砂《まさ》砂鉄と、それ以外の地方で産出される赤目《あこめ》砂鉄である。真砂砂鉄は主に日本刀などを作る玉鋼《たまはがね》をとるための鉧《けら》押しに使われ、赤目砂鉄は、鍋や釜などの鋳物を造る銑鉄《せんてつ》をとるための銑《ずく》押しに使用された。

さらに砂鉄は採取される場所によって、分類することもある。山中の砂鉄を含む風化した岩を切り崩して採取する「山砂鉄」、砂鉄を含む土砂が河川に流れ込

先大津阿川村山砂鉄洗取之図鉄ヲフク図
（東京大学工学・情報理工学図書館蔵）

大成山遺跡群「2B区高殿たたら床釣り（断面）」
（岡山県古代吉備文化財センター提供）

み軽い土が水で流されて砂鉄が川底に残された「川砂鉄」、河川から海に流れた砂鉄が海浜に堆積した「浜砂鉄」の三種類である。なお、下流域で採取された川砂鉄や浜砂鉄は、種類の異なる砂鉄が混じることがあり、下等とされている。

近世に入ると、このうちの山砂鉄が多く使用されるようになった。しかし、山砂鉄は、採取した後、砂鉄と土などそれ以外のものとに分離しなければならない。そのため、掘り出した土砂を長い水路を通過させる間に重い砂鉄を下に沈ませ、軽い砂鉄以外のものを流してしまうという川砂鉄の生成方法を人工的に再現した「鉄穴流し法《かんなながし》」という手段が、中国地方で普及する。宝暦四年（一七五四）に刊行された『日本山海名物図会』に「掘り出したる土砂を浅き河底に敷きつめた筵の上に流せば砂鉄は溜り、土砂は流れ去る」と記されるほど広く知られるようになった。

鉄穴流し法は、一度に大量かつ純度の高い砂鉄を手に入れることができるというメリットがあった。しかし、その一方で、土砂や濁水を大量に河川に放出するため、それが下流域の水害を助長するというデメリットがあった。放出された土砂は、徐々に堆積して川床が上昇する。やがて川床が周囲の土地よりも高い天井川となり、大雨が降ればすぐに川が決壊するようになった。

備中の大河川である高梁川の本流・支流域の上流に位置する備中松山藩、新見《にいみ》藩、成羽《なりわ》藩といった各藩では製鉄産業の奨励と振興に尽力したこともあって、江

鉄穴流し（砂鉄を含む斜面を崩す様子）
（写真提供：株式会社安来製作所鳥上木炭銑工場）

鉄穴流し（砂鉄を選鉱している様子）
（写真提供：株式会社安来製作所鳥上木炭銑工場）

戸から明治にかけてたたら製鉄が盛行した。こうした上流域には、「大成山《おおなるやま》たたら遺跡群」（岡山県新見市）や「奥土用《おくどよう》・神庭谷《かんばだに》製鉄遺跡」（岡山県真庭郡新庄村）といった製鉄遺跡が残っているほどである。

たたら製鉄の操業に伴い、鉄穴流しも行われた。岡田藩は、高梁川の本流・支流域の下流に位置しており、上流域でたたら製鉄が盛んになり、鉄穴流しが行われた結果、土砂が岡田藩領に運ばれ、河川の天井川化が進み、領民たちは水害に悩まされることになったのである。

"江戸版・国際河川"をめぐる論争――岡田藩と他藩の関係

今日、ヨーロッパのライン川や東南アジアのメコン川をはじめ、河川の流域が複数の国家にまたがる川は「国際河川」と呼ばれており、関係国間の取り決めや国際条約の中で河川管理が行われている。島国である我が国には、「国際河川」に該当する川は存在しない。そのため、日々の生活の中で、「国際河川」という言葉に触れる機会も少ないだろう。

しかしながら、世界に目を向けると、数多くの国が「国際河川」を有しており、国際連合広報センターによれば、その流域人口は、世界の全人口の四割程度にもおよぶと指摘されている。過去を振り返ると、国際河川周辺では、上流域の国と

神庭谷製鉄遺跡「高殿床釣り　横断面（東から）」
（岡山県古代吉備文化財センター提供）

下流域の国の間で、水をめぐるトラブルがしばしば発生しており、現代においても、国家間紛争の一つの要因となっている。

繰り返しになるが、我が国においては、「国際河川」と呼ばれる川は存在しない。しかし現代でも、多くの河川が複数の地方自治体にまたがって存在しているように、江戸時代においても、複数の藩領にまたがる河川は全国各地に存在していた。あえていえば、〝江戸版・国際河川〟である。

さて、備中国においては、多くの藩領や旗本領、幕府領などが入り乱れていたことは再三述べてきたが、それ故に、〝江戸版・国際河川〟が比較的多く存在していたともいえる。岡田藩領を流れる高梁川や小田川などの河川も、複数の領地にまたがる〝江戸版・国際河川〟であった。

現代でも、国際河川流域で国家間紛争が起きているように、〝江戸版・国際河川〟の高梁川や小田川でも、岡田藩と他藩との間で、何度もトラブルが発生している。その中には、「他藩による治水事業などの影響によって、岡田藩領における水害が助長されたのではないか」という疑惑をめぐり、論争に発展した事例もある。

慶安五年（一六五二）八月に発生した水害の際、時の岡田藩主伊東長治は、岡山藩が洪水対策のために、自国領内に築いた石垣の影響で、岡田藩領における水害が誘発されたとして、岡山藩に抗議文を送っている。これに対し、岡山藩は長治からの抗議を一蹴している。

しかし、宝永元年（一七〇四）に、小田川の堤防建設をめぐって、岡田藩と庭瀬藩領の村々が対立し、幕府による裁判が行われた際には、岡山藩は、岡田藩側の味方として裁判に出廷している。これは、小田川の堤防が建設されれば、自国領であった矢田村もその恩恵を受けることから、岡田藩を支持したのではないかと考えられている。

また、『真備町史』によれば、江戸時代初期の元和五年（一六一九）に、福山藩（現・広島県福山市）の初代藩主水野勝成《みずのかつなり》が、福山藩内の水害対策として、小田川の流れを変えたことが、岡田藩領における洪水被害を助長したとの記載もある。

岡山藩や福山藩が行った工事が、岡田藩領における水害の発生にどの程度の影響をおよぼしていたのかについては、様々な意見があるものの、高梁川や小田川などが有する〝江戸版・国際河川〟としての側面が当時の水害の原因をより複雑なものにしていたのかもしれない。

④ 先人たちの知恵――水害奮闘記

度重なる水害被害を防ぐため、当時の人々は、その知恵を活かして様々な対策を講じている。とりわけ、水害による被害が大きい川辺の地に築かれた「神楽土手」や「小田川改修」などは、先人たちによる水害対策の最たる例といえよう。

神楽土手

岡田藩では、頻発する水害への対策として、堤防の建設をはじめとする河川整備などを実施している。その代表例として挙げられるのが、「神楽土手《かぐらどて》」の建設と、守屋勘兵衛による小田川の改修工事であろう。

神楽土手は、川辺村周辺地域の水害を防ぐために築かれた堤防であり、基底幅が約一一メートル、高さは三・六メートル★で、川辺の集落全体を取り囲むような形で建設された。

先行研究によれば、神楽土手の構造は、木曽川や長良川などが流れる濃尾平野周辺で見られる輪中《わじゅう》★堤防との類似性が指摘されている。

現在、真備公民館川辺分館や倉敷市立川辺小学校の南側に、当時の神楽土手の

▼高さは三・六メートル
堤防の高さについては様々な見解が示されており、正確な数字は不明である。なお、現存する遺構の高さは二メートル程度である。

▼輪中
洪水を防ぐため、周囲を堤防で囲んだ構造のこと。

名残を見ることができる。

神楽土手が建設された時期は定かではないものの、宝永元年（一七〇四）の守屋勘兵衛による小田川改修の際に描かれた「小田川改修裁許図（倉敷市真備ふるさと歴史館所蔵）」には、すでに神楽土手が描かれているため、少なくともこれ以前、岡田藩主が川辺の地に陣屋を構えていた時期には、建設されていたものと考えられる。

なお余談ではあるが、藩の陣屋が岡田に移転されて以降は、岡田陣屋を中心に、神楽土手と同様、集落を取り囲む形で「岡田水除堤《みずよけづつみ》」が築かれ、陣屋周辺地域を水害から守ったとされる。

守屋勘兵衛と小田川改修

岡田藩による水害対策の中でも、最も有名なものは、岡田藩士守屋勘兵衛による小田川改修であろう。

守屋勘兵衛については、先述の「新本義民騒動」や「岡田新道」の項目でも多少触れているが、ここであらためて、その人物像について整理しておきたい。

守屋勘兵衛は、慶安二年（一六四九）に岡田藩領八田村（現・岡山県倉敷市真備町箭田）の農家に生まれたとされる。もともとの身分は農民であったものの、後に藩士に取り立てられた。勘兵衛は、土木事業などへの造詣が深かったとされ、岡田新道の建設のほか、岡田藩美濃領の河川改修工事でもその手腕を発揮した。

この守屋勘兵衛が小田川の改修工事に着手したのは、宝永元年（一七〇四）のことであった。当時の小田川は、八田村から川辺村にかけて大きく蛇行しており、さらに川の両岸を守る強固な堤防も存在していなかったため、河川氾濫の可能性が極めて高い状態にあった。そこで、勘兵衛は蛇行する小田川の流れを直線に変更し、八田村から有井村の末政川に至るまでの川の北側に強固な堤防を築くという大規模な計画を立てた。

勘兵衛の計画をもとに、小田川の改修工事に着手した岡田藩であったが、小田川が、〝江戸版・国際河川〟としての側面を有していたために（詳細については、前節の「〝江戸版・国際河川〟をめぐる論争―岡田藩と他藩の関係」の項目を参照）、周辺地域からの反発を受け、最終的には、幕府に判断を委ねることとなった。

宝永元年九月、幕府は工事が上流の地域に影響をおよぼす可能性は低いとして、小田川改修工事の実施を認め、宝永五年に工事は無事に完了した。

勘兵衛による小田川改修は、当時としては非常に画期的な工事であり、水害の発生抑止に一定程度の効果を発揮した。しかしながら、前節でも述べた通り、同地域における水害は、様々な要因が複雑に絡み合って誘発されており、勘兵衛による小田川改修後も、大規模な水害に度々見舞われていることから、根本的な問題解決には至らなかったとの指摘があるのもまた事実である。守屋勘兵衛の事業は確かに評価されるべきものだが、その一方で、同地域における水害対策の難しさをうかがい知ることができる。

ところで、同地域における水害との闘いは、江戸時代のみならず、明治以降も長きにわたり続くこととなる。とりわけ、明治二十六年（一八九三）十月十四日に発生した水害では、岡田村や川辺村をはじめ、周辺地域一帯が壊滅的な被害を受けた。

この明治二十六年の水害で、とりわけ大きな被害を受けたとされる川辺村の状況について、『吉備郡史（巻下）』の記述によれば、被災家屋の総数は、二六一戸（このうち、一八二戸の家屋が流出）に上り、五四名の死者・行方不明者を出したとされている。

本書では、明治時代以降の水害の状況について詳しく触れることは控えるが、これについては、『真備町史』、『新修倉敷市史』、『岡山県史』をはじめ、先学たちの諸研究をご参照いただきたい。

5

「水」をめぐる様々な事柄

「水」が我々の生活には無くてはならない存在であることはすでに述べた通りである。特に、灌漑用水や動力源としての水は、現代でもなお重宝されている。岡田藩の歴史を語る上では、「水」にかかわる様々な事象が極めて重要な位置を占めているといっても決して過言ではない。

上原井領用水と国司神社

「水」をめぐる地域間の紛争は、「水害」という側面だけに留まらない。ここでは「農業用水（灌漑用水）の確保」という側面についてみておきたい。

上原《かんばら》井《い》領《りょう》用水《ようすい》は、高梁川から水を引き、総社市の高梁川西部地域と真備町の東部地域の田畑を潤している農業用水である。上原井領用水の起源については諸説あるものの、十六世紀後半に、安芸国の大名毛利氏傘下の武士によってその原型が築かれたと伝わっている。当時、同地域は毛利氏の勢力下にあったものの、慶長五年（一六〇〇）の関ヶ原の戦いを契機に徳川政権が誕生すると、岡山藩と岡田藩が分割領有することとなった。

上原井領用水の恩恵を大きく受けたのは岡田藩領の領民たちであったが、用水の取水口は岡山藩領上原村（現・岡山県総社市上原）にあったことから、岡田藩側が自由に水量調整を行うことが難しく、供給される水量が少ない時期には、岡田藩領内の水不足を助長する原因の一つとなっていた。

事態が大きく動いたのは、延宝四年（一六七六）のことである。岡田藩の領民たちの状況を見かねた岡山藩領上原村の庄屋であった小原七郎左衛門は、岡山藩の許可を得ることなく、上原井領用水の取水口の拡張工事を断行して岡田藩領への農業用水の安定供給を図った。

七郎左衛門による工事の結果、岡田藩にとっては大きな利益をもたらしたものの、岡山藩側は、七郎左衛門が藩の許可なく工事を行ったことに激怒し、延宝五年に彼を打ち首に処した。

小原七郎左衛門の処刑を知った岡田藩の領民たちは、彼の死を悼み、用水の守護神を祀っていた国司《くにし》神社（森神社）に七郎左衛門の霊を合祀し、彼の功績を称えるとともに、七郎左衛門の子孫には、感謝の意を込めて毎年米一俵を贈り続けたとされている。

治水・用水は、水源の周辺地域に様々な利害関係をもたらし、時には、命を懸けた争いに発展することもある。

岡田藩の歴史は、まさに「水」をめぐる歴史と〝表裏一体〟であるといっても決して過言ではない。

国司神社

動力水車の活用

『日本書紀』の記述によると、我が国に初めて水車が入ってきたのは、七世紀前半の推古《すいこ》天皇の治世の頃だとされている。水車はその用途によって、水田などに水を汲み上げる「揚水水車」と、回転を利用して動力を得る「動力水車」の二つに大きく分けられる。このうち、江戸期においては「動力水車」の技術が大きく発展し、精米や製粉などの作業に広く利用されたことが知られている。

『総社市史（通史編）』によれば、岡田藩は文政年間（一八一八～一八三〇）に、領内を流れる新本川の流域に水車場を設け、穀物の加工や菜種油の生産などを行っていた。なお、この水車場は新庄村・本庄村の領民の中から選ばれた代表者によって、管理・運営が行われていたという。

時代が下り、動力源が蒸気や電気などへ転換していくにつれ、動力水車はその役目を終えることとなる。しかし、近年では再生可能エネルギーへの関心の高まりなどから、水車がマイクロ水力発電（小規模水力発電）に利用される事例もあり、新たな役割が期待されている。

岡田大池と弁天社

御山屋敷（岡田陣屋）に隣接する岡田大池は、当地の灌漑用水として重要な役割を担う溜池である。

岡田大池のほとりには、知恵や芸術の女神としても知られる弁財天《べんざいてん》が祀られた社があり、これは、享保元年（一七一六）に五代藩主伊東長救が建立したものとされる。なお、この弁天社の建設にあたったのは、先に述べた小田川の改修工事や岡田新道の建設などでも活躍した守屋勘兵衛である。

余談であるが、岡田大池は横溝正史の小説『空蟬処女《うつせみおとめ》』のモデルになったとされ、横溝文学の愛好家の間でも、その名が知られている。少し長くなるが、『空蟬処女』の作中で描かれている、岡田大池と弁天社の記述を紹介したい。

いったい、岡山県というところは、西日本の穀倉といわれているが、わけても吉備郡はその岡山県の穀倉といわれるだけあって、よく耕された田が、毛細管のように複雑な地形をつくっている低い山脈のあいまあいまに喰いこんで、見渡すかぎりつづいている。そしてそういう低い山——というよりも人工の丘にも似た平地の突起部には、いたるところに灌漑用の池が掘ってある。私の家

弁天社

のちかくにもそういう池が二三あるが、その夜私の足を向けたのも、そんなふうな池の一つであった。

そこは私の家から五分あまりの距離で、周囲の水田のなかに、擂鉢をさかさに伏せたように盛りあがった丘があり、その丘の一部に、このへんとしては珍しく大きな池が掘ってあるのだった。そこはおりおりの散歩の途次、かよいなれた路であったし、名月は昼のように明かったので、私はなんのためらいもなく、丘へ通ずるだらだら坂を登っていった。

坂を登りきるとすぐ池がひらけ、とっつきに濡れ仏が立っている。濡れ仏の額も眉も唇も、しっとりと夜露と月光に濡れて光っていた。左を見ると池の中に小さな島が突出していて、その島にまつってある祠が、水のうえにあざやかな影を落としていた。


岡田大池のほとりでは、歴代の岡田藩主や横溝が見ていた景色を現在でも見ることができ、当時の風情を味わうことができる。

さて、ここまでの各章では、歴代の岡田藩主にまつわる様々な逸話や、当時の人々の暮らし、さらには、同地を襲った災害などをはじめ、多様な観点から、岡田藩の軌跡をたどってきた。

次章においては、江戸幕府の終焉と新たな時代の到来という大きな変革の波が押し寄せる中で、備中国内の各地域でどのような動きがあったのかを整理しながら、幕末維新期における小藩岡田の姿を探ってみたい。

また、激動と混乱の時代を生きた当時の人々が、何を「想い」、何を「考え」、そして、後世に何を伝えようとしたのか。現代にも続く大きな「歴史の流れ」の一幕を垣間見ようと思う。

これも岡田

国内屈指の文化観光都市・くらしき

倉敷市は、岡山県の南西部に位置する県下唯一の中核市であり、岡山県西部の経済、商工業の中心地として、さらには豊富な歴史・文化資源を有する観光都市である。令和三年（二〇二一）八月末時点で、総人口（住民基本台帳人口）はおよそ四八万名、市域面積は三五五・六三平方キロメートルを誇る。

倉敷市は、昭和三年（一九二八）の市制施行以来、周辺地域との合併・編入を繰り返しており、昭和四十二年には、旧倉敷市・児島市・玉島市の三自治体が合併し、新「倉敷市」が誕生。平成十七年（二〇〇五）には、船穂町と真備町とを合併し、現在の倉敷市が誕生した。

古代の倉敷地域は、「吉備《きび》の穴海《あなうみ》」と呼ばれる浅海であったが、高梁川によって運ばれた土砂などの堆積や中世以降に繰り返されてきた干拓事業（新田開発）によって、倉敷平野が形成されたといわれている。

本文でも触れた通り、江戸時代の倉敷地域は、幕府の直轄領（天領）として、倉敷代官所を中心とした統治体制が敷かれており、舟運を中心とした物資の集積地として機能した。

また、備中国南部では、綿や菜種といった商品作物の栽培が盛んに行われていたこともあり、倉敷地域には多くの有力商人や大地主たちが集まり、備中地域における商業の一大中心地となっていた。

倉敷地域の発展を支えたのは、新田開発の際に残った入江を基盤に整備された「倉敷川（汐入川）」の存在であった。当時の倉敷川は、潮の満ち引きに合わせて船が往来する運河として機能しており、川岸には白壁の土蔵や蔵屋敷、町家や水夫小屋などが数多く建設され、商業の中心地としての倉敷の街並みが次第に形成されていった。

現在、同地域は、岡山県内随一の観光名所の一つである「倉敷美観地区」として整備されており、江戸期における倉敷の風情や当時の〝空気〟を直に肌で感じることができる。

「倉敷」という地名の由来については、現在までに様々な説が提唱されているが、有力なものとしては、当時の領主が年貢などの物資を一時的に保管しておく場所を「倉敷地」と呼んだことに由来するのではないかとの説や、多くの蔵屋敷が林立していたことから、「蔵屋敷」が変化して「倉敷」と呼ばれるようになったのではないかといった説が挙げられる。

明治四年（一八七一）の廃藩置県により、倉敷代官所の支配地は倉敷県となり、その後は深津県や小田県を経て、明治八年に岡山県に編入された。明治維新に伴う急速な近代化が推し進められる中、倉敷地域では古くから盛んであった綿花栽培を土台とし、繊維・織物産業を中心に近代化が加速していった。「玉島紡績所」や「下村紡績所」、さらには、明治二十一年に大原孝四郎《おおはらこうしろう》らによって開設された「倉敷紡績所」などはその最たる例といえよう。とりわけ、児島地域（倉敷市児島）では、織物業が広く展開しており、昭和四十年には、日本で初めてジーンズが生産された。現在、倉敷市児島は「ジーンズの聖地」として、世界から大きな注目を集めている。

　ところで、倉敷の発展を支えた重要人物の一人として、大原孫三郎《おおはらまごさぶろう》の名を挙げないわけにはいかないだろう。孫三郎は、倉敷紡績所を設立した大原孝四郎の息子であり、実業家として様々な事業に携わる傍ら、社会貢献活動などに尽力したことでも知られる。また、孫三郎は日本初の西洋美術中心の私立美術館である「大原美術館」を設立したほか、「倉紡中央病院（現・倉敷中央病院）」や「大原奨農会農業研究所（現・岡山大学資源植物科学研究所）」、「大原社会問題研究所（現・法政大学大原社会問題研究所）」を設立するなど、その功績は文化・芸術から教育・社会福祉・医療分野まで多岐にわたっている。

倉敷市美観地区・倉敷川
（倉敷市観光課提供）

倉敷市美観地区・川舟
（倉敷市観光課提供）

　倉敷市は全国に先駆けて、歴史的町並みや景観の保存活動に注力しており、昭和四十三年には、「倉敷市伝統美観保存条例」が制定されているほか、昭和五十四年五月二十一日には、美観地区の周辺地域が「倉敷川畔伝統的建造物群保存地区」として、国の「重要伝統的建造物群保存地区」に指定されている。

　平成二十九年四月二十八日には、〝一輪の綿花から始まる倉敷物語 ～和と洋が織りなす繊維のまち～〟として、美観地区やその周辺施設などが文化庁の「日本遺産」に認定され、地域の歴史・文化資源の保存と次世代への継承活動が推進されている。

　なお余談ではあるが、令和三年八月末時点で、倉敷市では、前述の繊維・織物産業の発展の歴史を基軸としたストーリーのほか、〝「桃太郎伝説」の生まれたまち おかやま～古代吉備の遺産が誘う鬼退治の物語～（平成三十年五月二十四日 認定）〟、〝荒波を越えた男たちの夢が紡いだ異空間～北前船寄港地・船主集落～（平成三十年五月二十四日 追加認定）〟を含めた合計三つの日本遺産が認定されており、まさに、日本屈指の「文化観光都市」として、国内外にその名を轟かせている。

これも岡田

両備（備中と備後）の田園地帯を走る「井原鉄道」

井原鉄道は、岡山県総社市の総社駅から広島県福山市神辺《かんなべ》町の神辺駅を結ぶ四十一・七キロメートル（全一五駅）のローカル線である。そのうち、総社駅から清音《きよね》駅までの三・四キロメートルは、JR西日本の伯備線との共用区間となっている。さらに、一部の列車は神辺駅からJR福塩《ふくえん》線に乗り入れて、福山駅まで直通運転されている。

井原鉄道の路線は、旧岡田藩領を含めた旧山陽道（西国街道）に沿って敷設されており、沿線には国の重要文化財に指定されている「旧矢掛《やかげ》本陣石井家住宅」をはじめとする名所・旧跡が多数所在している。

井原鉄道は、線路の大半が高架化されており、車窓からのどかな田園風景を楽しむことができる。また、清音－川辺《かわべ》宿駅間に存在する「高梁川橋梁」は、その構造上の特徴が高く評価され、平成五年度（一九九三）には土木学会（関西支部）の技術賞奨励賞に選定されている。

井原鉄道には一五の駅があり、東から「総社」、「清音」、「川辺宿」、「吉備真備」、「備中呉妹《くれせ》」、「三谷」、「矢掛」、「小田」、「早雲の里荏原《えばら》」、「井原」、「いずえ」、「子守唄の里高屋《たかや》」、「御領《ごりょう》」、「湯野」、「神辺」となる。

これらの駅名のうち、「川辺宿駅」は西国街道の宿場町に、「吉備真備駅」は奈良時代に活躍した政治家・吉備真備に、「早雲の里荏原駅」は北条早雲（伊勢宗瑞《いせそうずい》）の故郷とされる備中国後月郡荏原庄（現・岡山県井原市）に、それぞれ由来がある。

「子守唄の里高屋駅」については、この駅のある井原市高屋町出身の声楽家・上野《うえの》耐之《たいし》が恩師である作曲家の山田耕筰に幼い頃に母よりずっと聞かされていた〝ねんねこ しゃっしゃりませ〟のフレーズで知られる子守唄を披露したところ、感激した山田がそれを編曲して、「中国地方の子守唄」として発表したことに因んでいる。

井原鉄道の歴史は古く、昭和二十六年（一九五一）八月に、国鉄吉備線を福山まで延伸し、岡山県西南部と広島県東部を結ぶ構想を掲げ、関係自治体などが「岡山・福山間国鉄吉備線延長期成同盟会」を結成したことに端を発する。昭和四十一年五月には、国鉄井原線として工事が始まったものの、国鉄再建の影響を受け、昭和五十五年に国鉄井原線の建設は中止されてしまった。

しかしながら、井原鉄道は岡山県西部の備中圏域と広島県東部の備後圏域を結ぶ重要な移動・交通手段で、沿線地域の発展に極めて重要な役割が期待されることから、鉄道建設を求める機運は次第に高まった。

そのため、岡山・広島の両県をはじめとする各種自治体が主体となり、地元企業や関係団体などの協力も得て、昭和六十一年十二月一日に「井原鉄道株式会社」が設立され、翌年、鉄道工事が再開された。

そして、計画から半世紀が経った平成十一年（一九九九）一月十一日に、「井原鉄道 井原線」が開業した。待ちに待った一番列車は、午前十一時十一分十一秒という〝一〟が揃った時刻に発車した。この一番列車については、上下線それぞれに二二〇名分の乗車整理券が用意されていたものの、当初予想よりも多くの乗客が殺到してしまったという。まさに好スタートの〝発車オーライ〟であった。

　開業直後は、全国から多くの観光客が沿線を訪れるなど、活気に満ちた路線となったものの、全国のローカル鉄道が抱える「定期客の確保」という問題に直面することとなった。さらに、近年では沿線地域の人口減少や少子高齢化、マイカー利用者の増加などに拍車がかかり、鉄道を取り巻く環境は、ますます厳しいものとなっている。

　そうした状況を打破しようと、井原鉄道では様々なイベントの開催や、魅力ある企画列車の運行に取り組んでいる。一例として、外装は郷愁ある夕焼け小焼けを象徴する茜色で、内部シートは木製ブラウンカラーで落ち着いた雰囲気を演出した特別車両「夢やすらぎ号」や、倉敷市に所在する大原美術館所蔵の芸術作品をあしらったラッピング車両「アート列車」の導入、土・日・祝日限定の全線乗り放題きっぷ「スーパーホリデーパス」などが挙げられる。

　近年では、実業家・渋沢栄一を主人公にしたNHK大河ドラマ『青天を衝け』の放送に合わせて、渋沢の仕えた一橋《ひとつばし》家の領地があった井原市をPRするためのラッピング列車が運行され、大きな話題となった。また、オリジナルグッズの開発や鉄道車両部品の放出（販売）などにも力を入れており、鉄道ファンから熱い支持を集めている。

　平成三十年七月豪雨（西日本豪雨）の際には、井原鉄道も大きな被害を受け、一時は全線運休という状態に陥った。

　しかし、発災四日後には、三谷－神辺間で運転が再開され、二カ月後の九月三日には全線で運転を再開した。東日本大震災で被害を受けながらも被災者を勇気づけた「三陸鉄道」もそうであったように、地域に密着したローカル鉄道の復旧は、被災地に希望と勇気を運ぶ〝一番列車〟なのかもしれない。

　開業から二十一年を迎えた令和二年（二〇二〇）には、利用者数が、のべ二三〇〇万名に達成している。

　今後も、地域に密着した生活路線として、地域社会の幸せを運び続けてほしい。

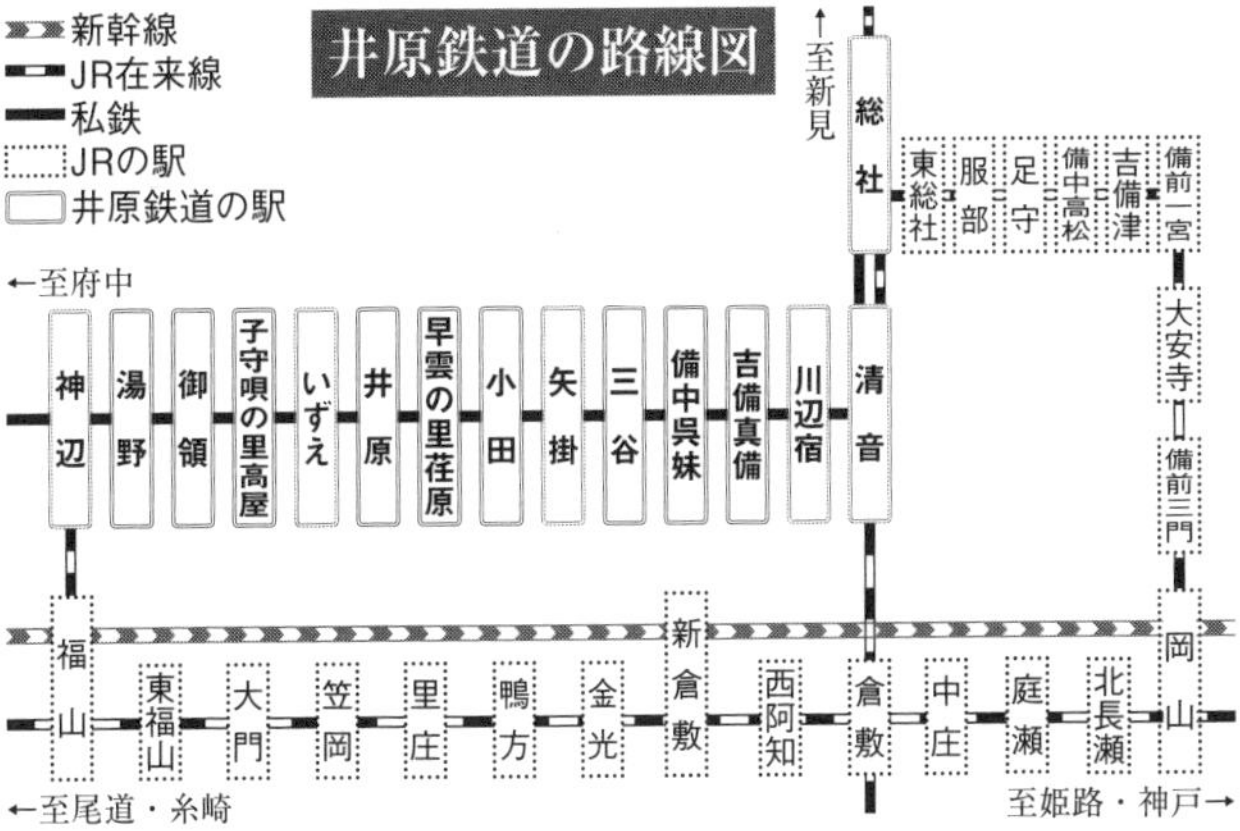

これも岡田

東西〝二つ〟の高梁川
—高梁川大改修

備中地域の一大河川である高梁川は、明治時代の後期まで、倉敷・酒津《さかづ》付近（現・岡山県倉敷市酒津付近）で、「東高梁川」と「西高梁川」の二つに分岐し、瀬戸内海へと注いでいた。

本文でも触れた通り、高梁川流域では様々な要因によって頻繁に水害が発生し、人々はその度に大きな被害を受けてきた。

明治以降も、同地の水害被害は後を絶たず、明治十三年（一八八〇）、明治十九年、明治二十六年と立て続けに大きな水害に見舞われていた。このような状況を改善するため、時の政府（内務省）が主導し、高梁川流域における大規模な改修工事が行われることとなった。この工事は、同地の水害を助長する要因の一つとして考えられていた、東西二つに分岐する高梁川を一つに統合するというものであり、当時としては最先端の土木技術を用いた国家的な一大事業であった。

明治四十四年に竣工した高梁川改修工事は、国内外の情勢に左右されながらも、大正十四年（一九二五）に完了し、倉敷周辺地域の水害抑止に大きな効果を発揮したとされる。しかしその一方で、旧真備町の周辺地域にしわ寄せがおよぶ結果を招いたともされ、複数地域にまたがる河川整備の難しさを象徴している。なお、この工事により、旧東高梁川は事実上消滅することとなった。

さて、高梁川改修工事と並行して行われたのが、同地域における農業用水の効率的かつ公平な分配の実現を目的とした利水工事である。

当時の倉敷・酒津付近の高梁川両岸には、農業用水を確保するための水路（取水樋《しゅすいひ》門《もん》）が複数存在しており、水不足の際には、各地域の住民らが水を求めて度々対立していたとされる。そのため、高梁川の改修工事に合わせ、それまで別々に存在していた水路（取水樋門）を一元化し、農業用水の適正管理を行うため、東西用水酒津樋門《とうざいようすいさかづひもん》をはじめとする農業用水施設（高梁川東西用《たかはしがわとうざいよう》水取配水施設《すいしゅはいすいしせつ》）が新設されることとなった。

さらに、新たな農業用水施設の建設に伴い、施設の維持・管理を行う組織として、大正五年に、都窪郡、浅口郡、児島郡内の一九町村により「高梁川東西用水組合」が設立されている。

この高梁川東西用水取配水施設は、大正期に全国で導入が進められた鉄筋コンクリート製の樋門の現存例として、その技術的価値が高く評価されているだけでなく、その歴史的・文化的価値にも注目が集まっている。

当該施設は平成二十一年（二〇〇九）に経済産業省の「近代化産業遺産（地域住民の熱意と努力により進められた瀬戸内海沿岸の灌漑施設整備の歩みを物語る近代化産業遺産群）」に認定されたほか、平成二十八年七月二十五日には、国の重要文化財にも指定されている。

第五章 幕末と新時代「明治」の幕開け

幕末から明治維新にかけて、岡田藩と周辺地域に大変革の波が押し寄せる。

岡田藩郡会所跡の石柱

1 江戸幕府の滅亡と戊辰戦争

ペリー来航に端を発した幕末期の混乱は、尊王攘夷派と親幕府派との軋轢を生み、やがて、日本最大の内戦とも呼ばれる「戊辰戦争」へと突き進んでいく。この間、備中国では、尊王攘夷派の志士らによって倉敷代官所などが襲撃される「倉敷浅尾騒動」が勃発するなど、その余波は小藩岡田にもおよんだ。

幕府終焉の足音

「祇園精舎の鐘の声　諸行無常の響きあり　娑羅双樹の花の色　盛者必衰の理をあらはす」

これは、軍記物語として有名な『平家物語』の冒頭の一文である。「栄花を極めている者にもいつかは必ず衰退の時が訪れる」という物事の道理を最もよく表した一節であろう。

慶長八年（一六〇三）の江戸幕府の開府以来、二百六十年以上の長きにわたり、繁栄を極めた徳川政権にも、徐々に終焉の足音が聞こえ始める。その大きな契機となったのは、嘉永六年（一八五三）、マシュー・ペリー提督が率いるアメリカ艦隊が、神奈川の浦賀沖に来航し、幕府に対して開国を迫った、いわゆる「黒船来航」であろう。

ペリー率いるアメリカ艦隊の圧倒的戦力と、欧米諸国の高い技術力に衝撃を受けた幕府は、翌年に再度来航したペリーとの間に、日米和親条約を締結した。これによって、従来の鎖国体制は大きく見直されることとなり、ついに「開国」が決定されたのである。

安政五年（一八五八）、日米和親条約に続き、アメリカ総領事のタウンゼント・ハリスから日米修好通商条約の調印を迫られていた最中、幕府内では、十三代将軍徳川家定の死去に伴う後継ぎ問題（将軍継嗣問題）が泥沼化し、時の朝廷をも巻き込んだ大論争が勃発していた。

将軍継嗣問題では、次期将軍に紀州徳川家の徳川慶福《よしとみ》を推す「南紀派《なんきは》」と、一橋家の一橋慶喜《よしのぶ》を推す「一橋派《ひとつばしは》」が対立しており、一橋派には、徳川斉昭（元水戸藩主）、松平慶永（福井藩主）、島津斉彬（薩摩藩主）らが属し、南紀派は、井伊《いい》直弼《なおすけ》（彦根藩主）、九条尚忠（関白）らが中心となっていた。

このような中、「南紀派《なんきは》」の筆頭格であった井伊直弼《いいなおすけ》が、幕府の大老職に就任したことで、政局は大きく転換することとなる。井伊は、外交上の懸案となっていた日米修好通商条約の締結を強行するとともに、対立していた「一橋派《ひとつばしは》」の粛清を謀り、最終的に、徳川慶福を将軍職に就かせることに成功する。十四代将軍徳川家茂の誕生である。

しかし、家茂の将軍就任からわずか二年後の安政七年（一八六〇）、水戸藩の脱藩浪士らによって、井伊は江戸城への登城の最中に暗殺されてしまう。かの有名な「桜田門外の変」である。

井伊の死去に伴い、新たに幕政を掌握することとなった老中の安藤信正は、朝廷（公）と幕府（武）の結び付きを強固なものとし、幕政全体の安定化を図るため、将軍家茂と皇女和宮の政略結婚を断行するなど、いわゆる「公武合体」と呼ばれる政策を推し進めた。しかし、文久二年（一八六二）には、安藤の公武合体政策に反発した勢力によって襲撃を受け（坂下門外の変）、その後、安藤は老中の座を追われている。

井伊直弼や安藤信正といった幕府の重鎮が相次いで暗殺、または襲撃されるという前代未聞の事件が発生したことは、徳川政権に大きな衝撃を与え、江戸幕府の権威が大きく失墜しただけでなく、幕府を倒し、新たな政治体制を確立しようとする、いわゆる尊王攘夷の動きが激化する端緒にもなった。

文久三年、尊王攘夷派の筆頭格となっていた長州藩の勢力を、京都の朝廷から追放する事件が発生し（八月十八日の政変）、尊王攘夷勢力と幕府勢力との緊張は頂点に達していた。さらに、元治元年（一八六四）、京都の旅籠・池田屋にて、尊王攘夷派の志士らが新選組に襲撃される事件（池田屋事件）が起こると、長州藩は藩兵を京都に向けて派遣した。これにより、尊王攘夷勢力と幕府勢力が京都で干戈を交えることとなる。世にいう、禁門の変（蛤御門の変）である。この戦いの軍配は幕府側に上がったものの、幕府の求心力は急激に低下していった。幕府終焉の足音は、次第に大きくなり始めていたのである。

幕末動乱期における備中国および周辺地域の状況

黒船来航に端を発した幕末期の動乱は、日本全国はもちろん、備中国および周辺地域にも大きな影響を与えたことはいうまでもない。ここでは、岡田藩を含め、同時期における諸藩の動きを押さえておきたい。

事実上の開国によって、西欧列強からの圧力が次第に高まっていた中、文久三年（一八六三）に、幕府の命を受けた岡山藩は、領内の下津井《しもつい》（現・岡山県倉敷市下津井）や外波崎《そとわざき》（現・岡山県岡山市東区）に台場★を建設しているほか、支藩である鴨方藩（岡山新田藩）領の青佐山《あおさやま》（現・岡山県浅口市寄島町）にも台場を築き、外国勢力への対抗策を講じている。

岡田藩においては、元治元年（一八六四）の禁門の変の直後、有事の際の情報伝達方法や人員の配置などについて事細かに指示が出されている。

一方、中央政治の情勢として、討幕派の動きが活発化する中、幕府は禁門の変を起こしたとの理由から、長州藩への処罰を決定し、諸藩に対して、長州藩討伐

▼台場
幕末期、外国船の襲来備えて、各地に設置された砲台のこと。

を命じた（第一次長州征討）。さらに、慶応二年（一八六六）には、二度目の長州征討を決定している。

この第二次長州征討の準備が進められている最中、慶応二年四月に、尊王攘夷派の志士立石孫一郎《たていしまごいちろう》が率いる長州藩の脱走隊士らが、備中国の浅尾藩の陣屋や、倉敷代官所を襲撃するといった事件（倉敷・浅尾騒動）が発生し、浅尾陣屋と倉敷代官所は大きな被害を受けている。

ここで、「倉敷・浅尾騒動」の首謀者である立石孫一郎の生い立ちなどについて簡単に整理しておきたい。

天保三年（一八三二）正月、播磨国佐用郡上月村（現・兵庫県佐用郡佐用町上月）の庄屋の長男として生を受けた孫一郎は、十八歳の時に倉敷の庄屋大橋平右衛門の養子となり、その後数年間を倉敷で過ごした。尊王攘夷の思想に傾倒していた孫一郎は、慶応元年に長州藩の第二奇兵隊（南奇兵隊）に入隊し、短期間のうちに隊の要職を歴任するなど、日ごとにその存在感を増していった。しかし、討幕へ向けた動きが前へ進まない状況に不満を抱いた孫一郎は、自らが兵を率いて幕府勢力と戦うことを決意。慶応二年に同志らを引き連れて第二奇兵隊を脱退し、倉敷代官所や浅尾陣屋の襲撃を決行したのである。

襲撃の後、幕府軍の追撃を受けた孫一郎らは長州藩領へと逃れたものの、慶応二年四月二十六日、立石孫一郎は幕府軍の銃弾に倒れ、その三十余年の人生を終

倉敷代官所跡
（倉敷市商工課提供）

えた。

孫一郎のとった行動については、様々な評価がなされているものの、「倉敷・浅尾騒動」が尊王攘夷派の志士たちに大きな影響を与えたことは事実であろう。

次に、同時期における民衆たちの動きを押さえておきたい。

当時、開国に伴う物価の変動や諸藩の財政悪化による税負担の増大などにより、庶民の生活に深刻な悪影響をおよぼしていた。そのため、長州征討の最中には、全国各地で「打ちこわし」や「世直し一揆」が頻繁している。備中国内においても、同時期に小規模な一揆が頻発しており、慶応三年には、倉敷地域を中心に、備中国の各地で「ええじゃないか★」と呼ばれる民衆運動が発生している。長年続いた幕藩体制の足元が揺らぐ中、民衆の様々な動きにも対応しなければならなかった各藩が、極めて難しい運営を強いられていたことは容易に想像できる。

幕末動乱期の余波は、備中国の周辺地域にもおよんでいる。その代表例として挙げられるのが、鶴田《たづた》藩の立藩であろう。

鶴田藩は、第二次長州征討の際に長州勢力に敗北し、居城である浜田城を追われた旧浜田藩主松平《まつだいら》武聰《たけあきら》（徳川慶喜の異母弟）が、美作国の鶴田（現・岡山県津山市）にあった浜田藩の飛地へ落ち延び、慶応三年に成立した藩である。鶴田藩の立藩にあたっては、旧浜田藩の藩士やその親族の大部分が武聰とともに美作に落ち延びており、まさに藩を挙げての〝一大引っ越し事業〟であった。

▼ええじゃないか
幕末に起こった「打ちこわし」などを伴う民衆運動のこと。参加者が「ええじゃないか」と叫びながら乱舞し、豪商などの家に押し入ったことから、この一連の民衆運動を「ええじゃないか」と呼ばれるようになった。

新天地で再起を図った松平武聰だったが、新たな領地での藩の運営は、多くの課題を抱えており、立藩から一年足らずで、年貢の減免を求める大規模な百姓一揆（鶴田騒動）が発生している。その最中、旧幕府勢力と明治新政府の間で鳥羽・伏見の戦いが勃発し、鶴田藩は旧幕府軍として参戦。その結果は言わずもがなであるが、家臣たちの尽力により、鶴田藩は辛くも取り潰しの危機を脱している。しかし、新時代「明治」における社会の変化は凄まじく、明治四年（一八七一）の廃藩置県によって、鶴田藩は、わずか五年にも満たず、その治世に幕を下ろすこととなった。

幕府の滅亡と戊辰戦争の勃発

慶応二年（一八六六）の第二次長州征討の最中、十四代将軍徳川家茂が、二十一歳という若さで逝去したことに伴い、幕府は長州藩との講和を決定した。将軍職が空位となった幕府内部は混乱を極めたものの、紆余曲折の末、十五代将軍として、一橋家の徳川慶喜が就任した。

将軍となった慶喜は、幕府の権威回復を含めた幕政改革に着手したが、薩摩藩や長州藩を中心とした討幕の動きを抑え込むことは極めて困難な状況であった。このような中、慶応三年十月に慶喜は「大政奉還」を宣言し、朝廷に政権を返還した。

慶喜の大政奉還に対し、討幕派の急先鋒であった薩摩・長州両藩は、同年十二月に「王政復古の大号令」を発出し、天皇を中心とした新政府の樹立を宣言した。これにより、二百六十年以上続いた徳川氏の治世は、ついに終わりを迎えることとなる。

しかしながら、旧幕府勢力は、徳川氏一門（徳川将軍家）を政治の表舞台から排除しようとする新政府に真っ向から対立。慶応四年一月には、京都郊外の鳥羽・伏見で新政府勢力との武力衝突が発生し、旧幕府勢力と新政府との間で「戊辰戦争」が勃発した。

戊辰戦争時における岡田藩の選択

慶応四年（一八六八）、旧幕府勢力と新政府との間で戊辰戦争が勃発すると、諸藩は旧幕府勢力を支援するか、新政府側に与するかという大きな選択を迫られることになる。

時の岡田藩主伊東長䛳《ながとし》は、近隣諸藩や大藩である岡山藩が新政府側に与したことなどを踏まえ、朝廷への帰順を決定した。これにより、岡田藩は新政府側の勢力として行動することとなる。

伊東長䛳
（宮内庁三の丸尚蔵館蔵）

諸藩の多くが新政府への恭順を示す中、備中国内では譜代大名であった備中松山藩が旧幕府勢力に与し、新政府側との対決姿勢を示した。これは、当時の備中松山藩主板倉勝静《いたくらかつきよ》が老中首座の地位に就いており、鳥羽・伏見の戦いの際には、徳川慶喜に従って新政府軍との戦いに参加をしていたためである。なお、鳥羽・伏見の戦いの後、勝静は慶喜とともに大坂から江戸へ逃れている（備中松山藩における幕末期の動きや藩士たちの行動など、その詳細については、今後刊行予定の『シリーズ藩物語 備中松山藩』にて詳細が記載されるものと期待したい）。

さて、備中松山藩の動きに対し、新政府側は岡山藩を中心とした諸藩に対し、備中松山藩の討伐を命じた。これを受け、岡山藩は筆頭家老の伊木《いぎ》忠澄《ただずみ》（伊木若狭）を総大将とした討伐軍を編成し、岡田藩をはじめ、庭瀬藩、足守藩、浅尾藩などもこの軍勢に加わった。

一方の備中松山藩側は、十分な対応ができていたとは言い難く、大変な苦境に立たされていた。一部の家臣たちは徹底抗戦を唱えたものの、備中松山藩側の劣勢は火を見るよりも明らかであり、結果として、備中松山藩は本拠地である備中松山城を新政府勢力に明け渡し、松山城下での戦闘は回避された。まさに、「江戸城無血開城」ならぬ「備中松山城無血開城」である。

なお余談ではあるが、備中松山城は、日本国内に現存する一二天守★の一つに数えられている。備中松山城がその雄姿を現在まで伝えることができた要因は多々

板倉勝静肖像
（国立国会図書館蔵）

▼現存する一二天守
江戸時代以前に建設された天守が、現在も当時の姿で残っている一二城を「現存天守」と呼び、このうち松本城・犬山城・彦根城・姫路城・松江城の五城は国宝に指定されている。

存在するものの、その一つには、戊辰戦争時の「備中松山城無血開城」という決断があったのかもしれない。

ところで、岡田藩が参加した旧幕府勢力との戦闘として、「姫路藩征討」についても触れておきたい。

姫路藩は、姫路城（白鷺城）を拠点として播磨国（現・兵庫県）西部を治めていた大藩であり、寛延二年（一七四九）以降は、譜代大名であった酒井氏が藩主を務めていた。

姫路藩九代藩主酒井《さかい》忠惇《ただとし》は、慶応三年（一八六七）に幕府の老中に就任しており、翌年に発生した鳥羽・伏見の戦いでは、徳川慶喜と行動をともにしていた。そのため、新政府側は姫路藩を「朝敵」と見なし、岡山藩を中心とした諸藩に対して「姫路藩征討」を命じた。

岡山藩と行動をともにしていた岡田藩は、病床にあった藩主伊東長𨇶の代わりに、長𨇶の実父長生が藩士を率いて姫路藩征討に参加した。

さて、新政府側と相対することとなった姫路藩だが、兵庫津の豪商北風正造らの尽力もあり、藩主の留守を預かっていた家臣たちは、姫路城の無血開城を決定した。

奇しくも、備中松山城と同様に戦火を免れた姫路城は、平成五年（一九九三）十二月十一日に、日本初の世界文化遺産に登録され、その壮麗な姿は、今もなお

現在の姫路城

見る者の心を魅了し続けている。

なお、姫路城の無血開城に尽力した姫路藩士の一人には、後に、教育者として後進の指導・育成に努め、「播磨《はりま》聖人」とも呼ばれた亀山雲平《かめやまうんぺい》がいる。

◇2 近代日本の夜明け――「藩」の消滅

新時代「明治」が幕を開けると、新政府による社会制度の大改革が進められた。いわゆる「明治維新」の総仕上げとして、明治四年に実施された廃藩置県により、二百六十年以上続いた幕藩体制は終焉を迎えた。ここに、「岡田藩」という小さな〝独立公国〟が消滅した。

戊辰戦争の終結と新時代「明治」の到来

鳥羽・伏見の戦いに端を発した戊辰戦争であるが、各地の戦いで旧幕府勢力の敗戦が続き、旧幕府側は次第にその勢力を失うこととなる。

慶応四年（一八六八）四月、新政府軍は江戸へと進軍したが、西郷隆盛と勝海舟らの協議によって、徳川政権の権威の象徴であった江戸城が明け渡された（江戸城無血開城）。これに続き、同年九月には抵抗を続けていた会津藩が新政府軍に降伏（「会津戦争」終結）。次いで、翌年五月には箱館・五稜郭に立てこもり抵抗を続けていた、榎本武揚をはじめとする旧幕府勢力を一掃し（「箱館戦争」終結）、これにより戊辰戦争は、新政府側の勝利によって幕を閉じた。

この間、新政府側は旧幕府勢力との戦闘を続けながらも、新たな国家体制づく

榎本武揚
（函館市中央図書館蔵）

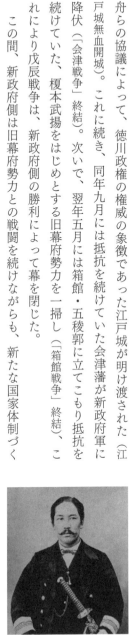

りを着々と進めていった。

慶応四年三月には、新しい政治方針を示した「五箇条の御誓文」を発布しているほか、同年七月には江戸を「東京」と改称し、九月には元号を「明治」に改元している。翌二年、箱館戦争での勝利を受け、新政府による国内権力の統一が図られたことにより、名実ともに、新時代「明治」が幕を開けた。

ちなみに、この「明治」という元号は、中国の経典『易経』における「聖人、南面して天下を聴き、明に嚮《むか》ひて治む（聖人が、北極星のように顔を南に向けてとどまることを知れば、天下は明るい方へ向かう）」という一節が由来になっており、日本が天皇を中心とした近代国家へと変革していく歴史の大きな象徴でもあった。

明治新政府による社会制度の改革

戊辰戦争終結後、明治新政府は、いわゆる「明治維新」の総仕上げとして、これまでの幕藩体制から、天皇を中心とした近代的な中央集権型国家の樹立を目指し、様々な改革を行った。その先駆けとして、明治二年（一八六九）に実施されたのが版籍奉還である。

版籍奉還は、これまで全国の諸藩などが領有していた土地と、その土地に住む人々（人民）を朝廷（天皇）へ返還させるというものであった。これに伴い、従

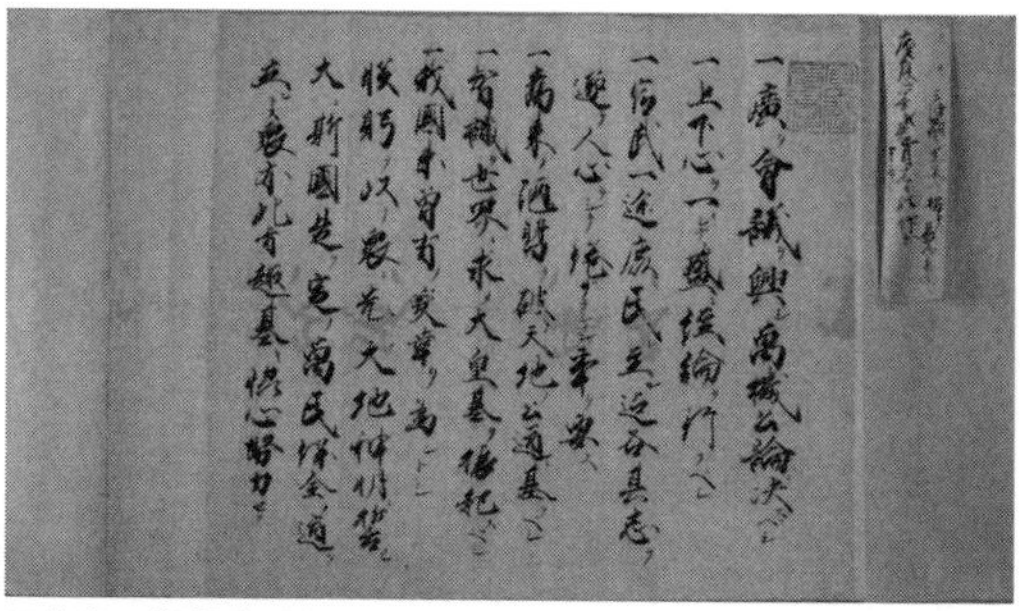

五箇条の御誓文（宮内庁書陵部蔵）

来の「藩主」を「藩知事」に任命し、引き続き藩政を担当させた。

明治四年、政府は版籍奉還に続いて、これまでの「藩」を廃止して、新たに「府」・「県」を設置する廃藩置県を断行する。その際、各府県の代表者には、中央政府から派遣された知事（県令）が就任し、これまで各地域の行財政を統括していた〝元〟藩主たちはその職を解かれ、東京への移住を命じられた。

廃藩置県の実施直後、三府三〇二県あった府県は、その後統廃合を繰り返し、明治四年には三府七二県、五年後の明治九年には三府三五県と、数を大きく減らしている。その後、明治二十一年には（一道）三府四三県に落ち着き、これによって現在の都道府県の枠組みがおおむね形成された。

「藩」から「県」へ

明治二年（一八六九）の版籍奉還に伴い、岡田藩の領地や領民は朝廷へ返還され、藩主伊東長𧦴は、「藩知事」として、引き続き領内の管理を行うこととなった。ところが、そのわずか二年後の明治四年には、廃藩置県により「岡田藩」が解体され、新たに「岡田県」が置かれると、長𧦴は藩知事の職を解任されている。

さて、新たに「岡田県」となった岡田藩であったが、そのわずか半年後には、隣県との合併により「深津県」の一部となった。その後も、周辺地域との合併を繰り返し、明治五年の「小田県」への編入の後、明治八年に「岡山県」へと編入されている（図：「岡田藩および近隣諸藩の県への移行過程」を参照）。

岡田藩および近隣諸藩の県への移行過程

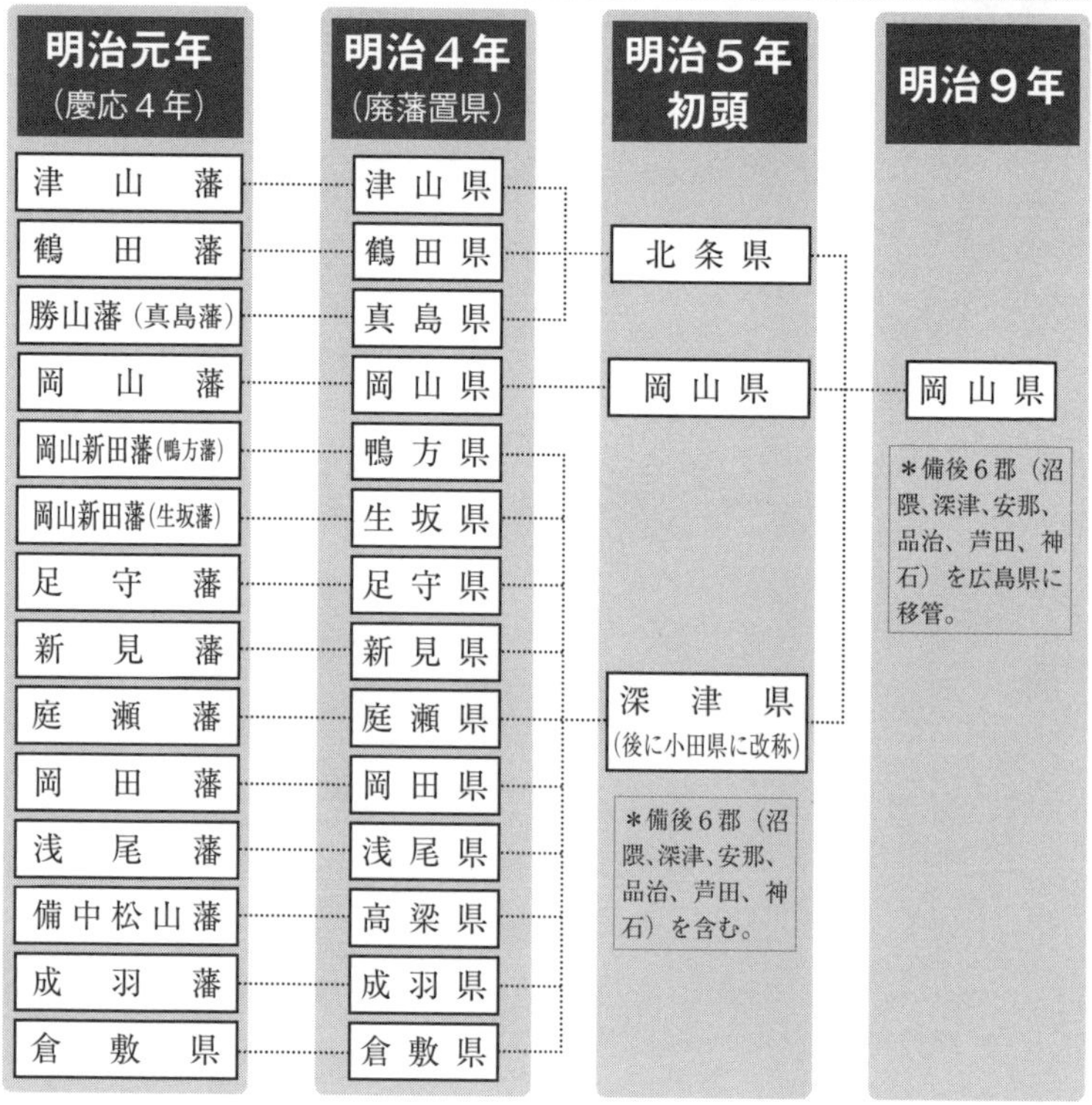

③

維新後の備中伊東氏

藩主の立場を追われた伊東長𧦅は、新たに明治政府の官僚の職を得る。しかしその待遇は、「〝元〟藩主という従前の身分と比較すると、あまりにも低い官職」であったという。長𧦅が死去した後、息子の久実が家督を相続したものの、わずか二十年余りで他家に家督を譲り渡すこととなった。

〝元〟大名・伊東長𧦅の苦悩

明治四年（一八七一）の廃藩置県に伴う藩知事の解任以降、岡田藩の最後の藩主であった伊東長𧦅《ながとし》は、新たに「華族」の身分となり、同年十一月には、東京に転居している。

「華族」と聞くと、いかにも華やかな印象を受けるが、すべての華族が我々のイメージする「豪華絢爛な暮らし」を保証されていたわけではない。廃藩置県後の〝元〟大名たちの生活は千差万別であり、政府の要職などに就いて引き続き手腕を振るった者もいれば、これまでの生活が一変した者もいる。岡田藩の最後の藩主にして、〝元〟大名である伊東長𧦅も、その一人であったといえる。

明治六年、長𧦅は前年に設立されたばかりの神道や仏教などの宗教政策や、国民教育などを所管する「教部省《きょうぶしょう》」の名誉職（教部省大講義）に就任した。また、その数年後には当時の内政全般を所管していた「内務省」の官職（勧農局御用掛）に就いている。現代風にいえば、「中央省庁に勤める公務員」というところだろうか。現代の感覚で考えれば、中央省庁の公務員というと、いわゆる〝エリート官僚〟のようにも思うが、実情はかなり異なるようである。

当時の内務省における長䄂の待遇について、先行研究などによれば、「一国の藩主という従前の身分と比較するとあまりにも低い官職」であるとの見方がなされており、現代の我々がイメージする〝中央省庁のエリート官僚〟とは、かなりかけ離れた存在のようである。

また、明治維新の功労者として新政府に重用された人物の中には、〝元〟大名である長䄂よりも、従前の身分がはるかに低い者も数多く存在する。我々に置き換えれば、「学生時代の後輩が、自身の上司として赴任してきた」状態と考えれば、多少イメージができるかもしれない。いずれにせよ、〝元〟大名という経歴を持つ、伊東長䄂の胸中は、さぞかし複雑なものであっただろう。

以下に示すのは、長䄂が勤務した内務省の最高責任者である内務卿の経験者と、伊東長䄂の身分とを比較したものである。歴代の内務卿経験者には、大久保利通や伊藤博文、木戸孝允や松方正義など、明治維新に功績のあった人物が多くいるが、彼らは必ずしも高い身分の出自ではない。外様の小藩ながらも〝元〟大名で

歴代の内務卿経験者と伊東長䄂の身分の比較

氏名	従前（明治維新以前）の身分	明治維新後の身分（最高位）
大久保利通	薩摩藩士	贈従一位・贈右大臣
木戸孝允	長州藩士	贈従一位
伊藤博文	長州藩士	従一位（爵位：公爵）
松方正義	薩摩藩士	贈従一位（爵位：公爵）
山田顕義	長州藩士	正二位（爵位：伯爵）
山縣有朋	長州藩士	従一位（爵位：公爵）
伊東長䄂	岡田藩主（従五位下播磨守）	正四位（爵位：子爵）

あった長詥と比較すると、その差は歴然である。

しかし、新時代「明治」を迎え、新たな社会制度が構築されていく中では、〝元〟大名という肩書きには何の権威もなく、まさに無用の長物であった。

〝殿様〟として藩政を取り仕切る立場から、下級官吏として、自身よりも従前の身分の低い上司のもとで働くことは、長詥にとって耐え難いことであったのかもしれない。

また、明治九年には、秩禄処分によって華族や士族に与えられていた家禄（給与）の廃止が決定され、長詥をはじめ、多くの華族、士族たちの日々の生活に大きな影響を与えた。

長詥は、明治十四年に勤務先の内務省を退職し、その後は定職に就くことはなかったとされる。そして、明治三十三年、〝元〟大名伊東長詥は、五十七歳でひっそりとその生涯を終えている。

〝元〟岡田藩主・備中伊東氏のその後

明治十七年（一八八四）の華族令★の発布により、〝元〟岡田藩主・備中伊東氏は「子爵」の地位を与えられたが、その暮らしは決して豪華絢爛なものではなかった。

▼華族令
従前の「華族」を公爵・侯爵・伯爵・子爵・男爵の五つに区分し、華族令以前に華族に列した者に加え、明治維新後に功労があった者を新たに「華族」に列している。

明治三十三年の伊東長𧦴の死去に伴い、長𧦴の実子である伊東久実が家督を相続したものの、知人などからの金銭的支援を受けながら生活を続けていたとされる。しかし、そのような生活も長くは続かず、大正六年（一九一七）に、久実は三十代で隠居の身となり、その数年後には、長崎出身の政治家伊東巳代治《みよじ》の家系に、家督を実質的に譲り渡している。なお、伊東巳代治は、第三次伊藤博文内閣で農商務大臣を務め、自らを〝憲法の番人〟と称して、大日本帝国憲法（明治憲法）の作成などにも尽力した人物であるが、備中伊東氏との直接的な血縁関係はなかったとされる。

この伊東巳代治の家系への家督移譲により、藩祖である伊東長実《ながざね》以来、脈々と続いていた備中伊東氏の血脈は、一つの大きな区切りを迎えることとなった。

かの文豪、太宰 治は、晩年の著作『斜陽』の中で、次のような一節を書き残している。

爵位があるから、貴族というわけにはいかないんだぜ。爵位が無くても、天爵というものを持っている立派な貴族のひともあるし、おれたちのように爵位だけは持っていても、貴族どころか賤民にちかいのもいる。

一見、華やかに見える「華族」の世界に存在する影の部分。常に変化する「時

伊東巳代治
（国立国会図書館蔵）

代」の流れに取り残された人々。〝元〟岡田藩主・備中伊東氏の苦悩は、現代に生きる我々にも、どこか通ずるものがあるのかもしれない。

さて、ここまでの各章では、戦国乱世の時代から明治に至るまでの数百年にわたり、備中伊東氏や小藩岡田がたどった「歴史」という物語に触れてきた。この物語の最終章として、〝今〟という時代を生きる我々が為すべきことについて、ここまでお付き合いいただいた読者諸氏とともに考えてみたい。

これも岡田

旧岡田藩領出身の文化人たちの功績

旧岡田藩領には、教育や文芸をはじめ、様々な分野で大きな功績を残した文化人たちの生家やゆかりの地が多数存在する。その中でも、ここでは「塩尻公明」、「永山卯三郎」、「井上桂園」の三名を取り上げ、彼らの軌跡をたどってみたい。

哲学者・教育学者：塩尻公明

塩尻公明《しおじりこうめい》は、明治三十四年（一九〇一）、岡山県吉備郡水内村（現・岡山県総社市水内）の備藤荘太郎と妻の八重との間に生を受け、後に、吉備郡岡田村（現・岡山県倉敷市真備町岡田）に住んでいた親戚の養子になったことから、以降は「塩尻」姓を名乗ることとなった。

塩尻は、岡山県内の中学校を卒業した後、旧制第一高等学校に進学し、その際に経済学や社会思想などの分野で活躍した河合栄治郎に触発され、その思想や学説などに大きく影響を受けたとされる。

大正十四年（一九二五）に、旧東京帝国大学法学部（現・東京大学法学部）を卒業した後、宗教家で社会実業家でもあった西田天香《にしだてんこう》（西田市太郎）が創設した「一燈園《いっとうえん》」に入り、宗教的な悟りを求めて、修行に打ち込む日々を送った。その後、旧制高知高等学校（現・高知大学）で教鞭を執り、太平洋戦争終結後は、神戸大学の教育学部で教授職に就いた。

その生涯で、数多くの著作を残した塩尻だが、戦争によって理不尽な死刑判決を下された自身の教え子を題材とし、昭和二十三年（一九四八）に発表した『或る遺書について』は、当時大きな話題を呼んだ。

昭和四十四年六月、塩尻は帝塚山大学での講義中に心筋梗塞で倒れ、その六十八年の生涯に幕を閉じた。

生涯にわたって、自由と平和、民主主義の神髄を追求し、後世に偉大な功績を残した塩尻公明。彼は今、真備町岡田の地で、静かな眠りについている。

以下、塩尻が執筆・編集などに携わった文献の一部を示しておく。

■『天分と愛情の問題』弘文堂、一九四三年。
■『自と他の問題』羽田書店、一九四七年。
■『或る遺書について』新潮社、一九四八年。
■『J．S．ミルの教育論』同学社、一九四八年。
■『書斎の生活について』新潮社、一九四八年。
■『女性論』京都印書館、一九四九年。
■『イギリスの功利主義（アテネ文庫：第一二九）』弘文堂、一九五〇年。
■『病苦について』創元社、一九五〇年。
■『政治と教育』社会思想研究会出版

部、一九五二年。

■『宗教と人生（現代教養文庫）』社会思想研究会出版部、一九五五年。

■『老春と青春』神戸近代社、一九六〇年。

■『若き日の悩み　塩尻公明人生論　第一（現代教養文庫）』社会思想社、一九六六年。

■『若き友へ贈る　塩尻公明人生論　第二（現代教養文庫）』社会思想社、一九六六年。

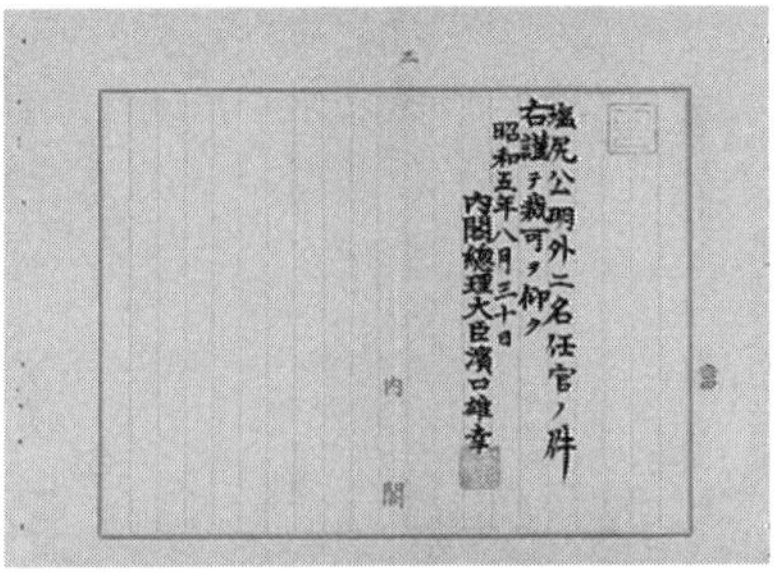
塩尻公明外二名任官ノ件
右謹テ裁可ヲ仰ク
昭和五年八月三十日
内閣総理大臣濱口雄幸

塩尻公明外二名任官ノ件〇師範学校長上山道造任官（国立公文書館蔵）

■『民主主義の人間観』社会思想社、一九六八年。

郷土史家・歴史学者：永山卯三郎

永山卯三郎は、岡山県を代表する郷土史家・歴史学者であり、明治八年（一八七五）に岡山県下道郡薗村（現・岡山県倉敷市真備町）に生を受けた。

明治三十二年、岡山県師範学校（現・岡山大学）を卒業した後、独学で教員免許を取得し、明治三十五年には、自身の母校である岡山県師範学校に教員として着任した。

永山は三十年以上にわたり、教鞭を執る傍ら、地元岡山の歴史や文化についての研究を行った。その功績が認められ、昭和十七年（一九四二）に「第二回合同新聞文化賞」を、昭和二十七年には「岡山県文化賞」を受賞している。

永山は『岡山県通史』や『倉敷市史』をはじめ、岡山県内の歴史・文化・民俗などに関する多くの文献の執筆・編集に携わっており、現在では永山が残した数多くの文献は、岡山の歴史を学ぶ上で欠かせない存在になっている。

以下、永山が執筆・編集などに携わった文献の一部を示す。

『建国之大精神』（中表紙）＿国会図書館デジタルコレクションより

■『建国之大精神』皇道社、一九二四年。

■『井山宝福寺小志』井山宝福寺、一九二七年。

■『早川代官』岡山県教育会、一九二九年。

■『岡山県通史　上編・下編』岡山県、一九三〇年。

■『備前藤戸寺誌』補陀洛山藤戸寺、一九三一年。

■『吉備郡史　巻上・中・下』岡山県吉備郡教育会、一九三七年。

■『吉備国高島宮』吉田書店、一九四三年。
■『藤原成親墳墓及墓石の研究』吉田書店、一九四三年。
■『岡山県農地史』岡山県農地改革記録編纂委員会、一九五二年。
■『岡山県金石史』岡山県金石史刊行会、一九五四年。
■『倉敷市史（全二十一巻および総目次・全巻補遺）』倉敷市史刊行委員会、一九六〇～一九六四年。
■『玄石文庫図書目録』、倉敷教育委員会、一九六五年。
■『早川代官』巌南堂書店、一九七一年。
■『岡山県農地史』賢美閣、一九七九年。

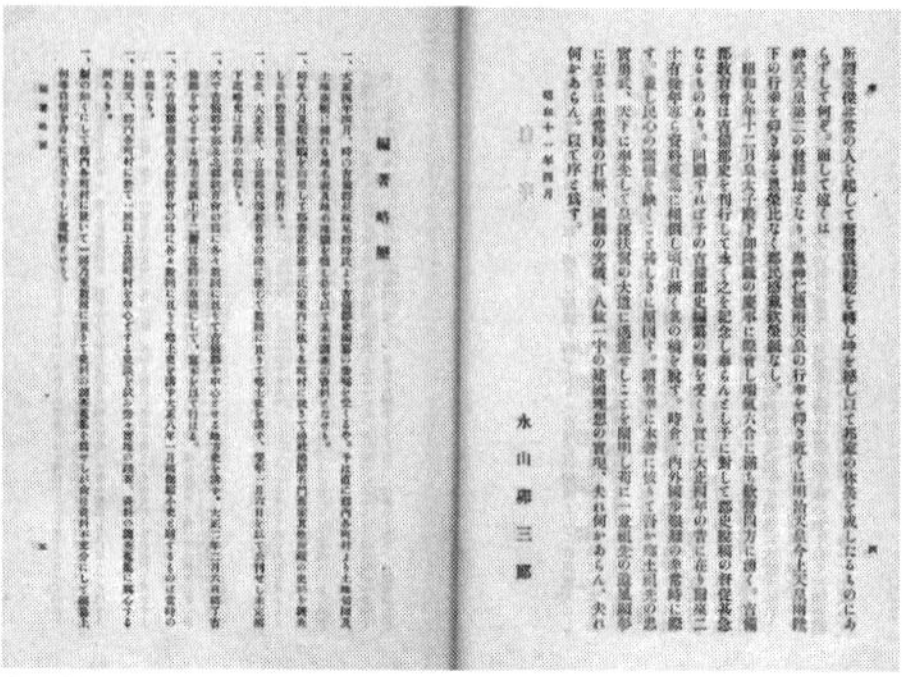

『吉備郡史 巻上』（4-5頁）
（国会図書館デジタルコレクション）

近代書道教育の父・書道家：井上桂園

井上桂園《いのうえけいえん》（井上政雄）は、明治三十六年（一九〇三）に、岡山県吉備郡薗村（現・岡山県倉敷市真備町市場）に生まれ、幼少期より書道を学び、わずか七歳にして、「中国民報社（現・山陽新聞社）」が主催した展覧会で入選を果たしている。

井上桂園（倉敷市提供）

井上は薗小学校、岡山県立矢掛中学校（現・岡山県立矢掛高等学校）を卒業後、大正十年（一九二一）に岡山県師範学校に入学。大正十一年には史上最年少で、文検習字科予備試験（当時の中学校・師範学校（習字科）の教員採用試験）に合格している。

岡山県師範学校卒業後は、熊本師範学校や広島高等師範学校で教鞭を執り、昭和十五年（一九四〇）には、文部省からの依頼を受け、国定教科書の制作に尽力している。

太平洋戦争終戦後は、広島大学や安田女子大学で教鞭を執る傍ら、国内における書道教育の発展にも力を入れ、その功績から昭和三十九年に紺綬褒章、昭和五十四年には勲三等瑞宝章（瑞宝中綬章）を受賞している。

なお、「桂園」は書道家としての雅号（いわゆるペンネーム）であり、本名は若林政雄である（後に、親類である井上家の養子となったため、井上姓となった）。

これも岡田

倉敷市真備ふるさと歴史館

倉敷市真備町および岡田藩の歴史を知る上で、是非とも訪れたい施設が「倉敷市真備ふるさと歴史館」である。

ふるさと歴史館は、旧真備町時代の平成六年（一九九四）七月三日に「真備町ふるさと歴史館」として開館し、その後、平成十七年八月一日の倉敷市への編入合併に伴い、同市に移管され、現在に至っている。

ふるさと歴史館における展示の一つには、岡田藩時代の資料群があり、藩の政治制度や財政状況、殖産興業や教育文化、治水・災害対策など、江戸期における当該地域の歴史・文化をうかがい知ることができる。

注目すべきもう一つの展示としては、戦中・戦後の約三年間、岡田村字桜（現・倉敷市真備町岡田）の地で疎開生活を送った、探偵小説家・横溝正史に関する資料群が挙げられる。

ふるさと歴史館には、横溝の親族などから寄贈された貴重な遺品が保管されているだけでなく、岡田村時代の横溝の書斎を再現したコーナーなども設けられている。横溝作品のファンのみならず、ミステリー愛好家にとっては、まさに必見のコーナーといえよう。

真備町岡田地区には、横溝正史が疎開生活を送った「横溝正史疎開宅」も残されており、ふるさと歴史館とともに横溝正史のファンたちのメッカとなっている。

なお、平成三十年七月豪雨（西日本豪雨）の際に、町内の大部分が浸水被害を受けた真備町であるが、幸いなことに、川筋から少し離れた微高地に立地するふるさと歴史館は、辛うじてその難を逃れることができた。

今後とも貴重な地域の歴史資料を守り、次世代に伝承する拠点施設として、重要な役割を担ってもらいたいと切に思う。

倉敷市真備ふるさと歴史館（外観）

倉敷市真備ふるさと歴史館（展示室）

これも岡田

探偵小説家・横溝正史疎開の地
―名探偵・金田一耕助のふるさと

よれよれの袴に形の崩れた帽子を身に着けた、うだつの上がらない優男。何とも頼りない風貌の人物であるが、ひとたび事件が起きれば、その類まれなる頭脳で謎を解き、事件を解決に導く――。その人こそ、日本が誇る名探偵「金田一耕助」である。

岡山県倉敷市真備町岡田地区（旧岡田村）は、名探偵・金田一耕助〝誕生の地〟として、国内外の多くのミステリー愛好家が訪れる土地でもある。金田一耕助と真備町とのつながりは、金田一耕助の生みの親、探偵小説家・横溝正史が太平洋戦争の戦火を避け、東京から当地に疎開したことに端を発する。

横溝正史は、明治三十五年（一九〇二）五月二十四日、兵庫県神戸市東川崎（現・兵庫県神戸市中央区）に生まれ、兵庫県立第二神戸中学校（現・兵庫県立兵庫高等学校）を卒業後、大正十年（一九二一）に大阪薬学専門学校（現・大阪大学薬学部）に入学した。大阪薬専入学の同年には、探偵小説雑誌『新青年』に懸賞小説として応募した『恐ろしき四月馬鹿』が入選を果たし、探偵小説家としてデビューを果たした。

横溝正史疎開宅

大正十三年、大阪薬学専門学校を卒業後、自身の実家で薬剤師として働いていたが、江戸川乱歩（平井太郎）の誘いを受け、大正十五年には東京の出版社「博文館」に入社し、その翌年には雑誌『新青年』の編集長に就任した。

昭和七年（一九三二）に博文館を退社し、専業作家に転身した横溝であったが、当時の日本が中国やアメリカをはじめとする各国との戦争路線へ舵を切りつつあり、その過程で、探偵小説（推理小説）の発表に大きな制限が設けられたこと、また横溝自身が肺結核を患い、療養生活を余儀なくされていたことなどから、思うような執筆活動が行えず、横溝にとっては不遇な時代を迎えることになる。

太平洋戦争末期の昭和二十年四月、アメリカ軍による東京などの都市部への空襲が激化したことに伴い、横溝は自身の家族とともに、親類を頼って、岡山県吉備郡岡田村字桜の地に疎開した。

疎開からわずか数カ月後の昭和二十年八月十五日に、同地で終戦を迎えた横溝は、探偵小説への規制が解除されたことで、探偵小説の執筆を再開。そして昭和二十一年に、戦後初の本格探偵小説となる『本陣殺人事件』を発表し、同作において、「名探偵・金田一耕助」を生み出した。さらに横溝は、『獄門島』、『夜歩く』、『八つ墓村』など数々の名作を生み出し、日本における探偵小説の再興を果たした。

横溝の作品の中には、疎開先であった岡田村や、その周辺を舞台にしたものが数多く存在する。とりわけ、『本陣殺人事件』は横溝が疎開生活を送った岡田村や、その周辺地域が作品の舞台となっており、当地の地勢や歴史なども作中に反映されている。また、本文中でも多少触れているが、『本陣殺人事件』以外にも、岡田村や岡田藩に関連する事柄が反映されている作品がいくつかある。例えば、映像作品も多数制作され、比較的知名度の高い『八つ墓村』や『獄門島』、『悪魔の手毬唄』といった作中においても、岡田藩に関する事柄をモデルに書かれたと思われる記述が多々存在する。ここでは、その一例として、『悪魔の手毬唄』の一節を紹介したい。

旧幕府時代この地方は伊東信濃守の領地になっていた。いま、明治元年の武鑑で見ると、伊東信濃守、柳間、朝散大夫、一万三百四十三石とおそろしく切りきざんだ禄高が出ている。在所は鬼首とあるから、すなわちこの村に屋敷があったのだが、一万三百四十三石といえば大名としては最低にあたっている。したがってその屋敷も城という柄ではなく、そんな場合、ふつう陣屋と呼んだものらしい。

細かな表現については史実と若干異なる部分があるものの、この一節が岡田藩や備中伊東氏をモデルに書かれたものであることは明らかであろう。このように、岡田村での疎開生活は、横溝の執筆活動に多大な影響を与えていたことがわかる。

悪魔の手毬唄

その一方で、横溝が同地域に与えた影響も根強く、現在でも「金田一耕助・春の誕生会 ｉｎ 桜」や「巡・金田一耕助の小径」といった、横溝正史や氏の作品に関連する地域イベントなどが自主的かつ継続的に行われ、同地域の住民らによる地域活動の中核になっている。

地域住民らによる各種活動の背景には、横溝正史という人物の存在や氏の作品群、そして、それらの複合体としての「横溝文学」の存在があり、同地域における固有の「地域資源」として、多くの人々を魅了し続けている。さらに「横溝文学」は、真備町岡田地区における地域への愛着意識を形成する大きな要因の一つにもなっていると考えられる。

「金田一耕助・春の誕生会 ｉｎ 桜」

「金田一耕助・春の誕生会 ｉｎ 桜」は、

真備町岡田地区で平成二十七年（二〇一五）から開催されている地域住民主体のイベントである。真備町岡田地区への疎開中、横溝が記した昭和二十一年四月二十四日付の日記の中に「金田一登場」という記述があることから、この日を「名探偵・金田一耕助」の誕生日と定め、地域住民やミステリー愛好家らによる金田一耕助の「誕生会」と称したイベントが開催されている。また、このイベントは、岡田地区まちづくり推進協議会のメンバーをはじめとする地域住民らが主体的かつ積極的に行っている活動の一つであることをも付記しておきたい（なお、イベントの名称に使用されている「桜」とは、倉敷市真備町岡田地区における字名である）。

「金田一耕助・春の誕生会 in 桜」

「巡・金田一耕助の小径」

「巡・金田一耕助の小径」は、横溝正史や氏の作品群、さらに「金田一耕助」をはじめとする横溝作品の登場人物などを倉敷市真備町の観光資源の一つとして捉え、倉敷市が主体となって地域住民らの協力のもと開催されているイベントである。

「巡・金田一耕助の小径」
（倉敷市観光課提供）

　このイベントは毎年十一月に開催され、横溝作品の登場人物に扮した参加者らが、真備町内に点在する横溝正史のゆかりの地を散策する「一〇〇〇人の金田一耕助」には、国内外から多くの参加者が訪れている。また、散策の道中では、地元住民らが、横溝作品をモチーフにした寸劇を行うなどの独自性も見受けられる。

　なお、散策コース沿いには、金田一耕助をはじめ、横溝作品に登場するキャラクターの銅像が各所に設置されており、愛好家たちの写真撮影のスポットにもなっている。

　加えて、推理小説愛好家らが、横溝正史や氏の作品に関連する諸研究の発表と情報共有を行う場として、「『巡・金田一耕助の小径』学会」も開催されており、様々な観点から、多種多様な〝研究活動〟が行われている。

これも岡田

〝憲法の番人〟伊東巳代治とは何者か？

本文でもすでに述べたように、明治という新たな時代の到来によって、立藩以来、脈々と受け継がれてきた〝岡田藩主・備中伊東氏〟の系譜は、長崎出身の政治家であった伊東巳代治《みよじ》の家系に移譲されることとなる。

ところで、この伊東巳代治とはいったいどのような人物だったのだろうか。少々余談にはなるものの、ここでは、〝岡田藩主・備中伊東氏〟の系譜を引き継ぐこととなった、伊東巳代治の略歴やその人物像について簡単に整理しておこうと思う。

伊東巳代治は、安政四年（一八五七）に長崎の地に生まれ、幼少期から勉学に励み、とりわけ、江戸幕府が英語などの語学教育の促進のために設立した「長崎英語伝習《ながさきえいごでんしゅう》所《じょ》」で、英語の習得に勤しんだとされる。

明治四年（一八七一）に上京した巳代治は、明治政府における社会基盤整備などを統括する「工部省」に入省したが、その二年後には官職を辞し、兵庫県の訳官（通訳担当者）に就いた。

しかし、明治六年には、後に初代内閣総理大臣となる伊藤博文にその才能を認められ、再び明治政府の官僚として働くことになった。

明治十五年、欧州諸国の法制度の調査を行うため、伊藤博文が欧州に派遣された際には、西園寺公望《さいおんじきんもち》や平田東助《ひらたとうすけ》らとともに視察に随行している。約一年間の欧州視察を通じて、巳代治は、欧州諸国の先進的な法体系や政治制度に関する理解に努めた。

明治十六年に帰国した伊藤博文一行は、日本が近代国家としての歩みを進めるためには「憲法」の制定が必要不可欠であるとして、我が国における憲法制定に向けて奔走することとなる。その際、巳代治は、伊藤博文の側近として憲法草案の作成に尽力した。そして、明治二十二年二月十一日に「大日本帝国憲法（明治憲法）」が発布されたのである。

さて、大日本帝国憲法の制定以降、伊東巳代治は引き続き政府の中枢で活躍した。

明治二十五年には、第二次伊藤内閣（一八九二年八月～一八九六年九月）において、現在の内閣官房長官の前身にあたる「内閣書記官長」に就任。また、第三次伊藤内閣（一八九八年一月～同年六月）では、「農商務大臣」を務めるなど、明治政府の要職を歴任した。

さらに巳代治は、明治二十四年から明治三十七年にかけて、東京日日新聞社（現・毎日新聞社）の社長も務めており、自らを「憲法の番人」と称して、天皇制の維持などの論調を展開した。

大正九年（一九二〇）には、巳代治のこれまでの功績により、勲一等《くんいっとう》旭日《きょくじつ》桐花《とうか》大《だい》綬章《じゅしょう》を受勲している。

伊東巳代治は、昭和九年（一九三四）二月に七十六年の生涯に幕を閉じているが、最晩年に至るまで、我が国の政治に大きな影響を与えていたのである。

エピローグ

岡田藩の記憶――歴史を受け継ぐということ

本書を結ぶにあたり、「岡田藩」の記憶や当時を生きた人々の想い、そして地域の歴史・風土を〝今〟に受け継ぐということの意義について考えてみたい。

明治以降、我が国においては様々な要因から、地域の合併・再編が繰り返し行われてきた。明治・昭和・平成の各時代に実施された、自治体の「大合併」により、各地域の様相は大きく変化してきた。

岡山県下でも、明治・昭和・平成の各時代において、数度の市町村合併が行われ、旧岡田藩領は、現在、岡山県倉敷市および総社市の一部となっている。そして、「岡田」という名は、現在の倉敷市真備町の「字名」に、その名を留めるのみとなっている。

しかしながら、江戸時代という二百五十年以上の長きにわたり、石高一万石余りの「岡田」という小藩が確かにその場所に存在し、その時代を生きた先人たちの想いが、我々が生きる〝今〟という時代の大きな礎となっていることは紛れもない事実である。

地域の合併・再編の結果として、既存の自治体が消滅し、古くからの土地の名前が地図から消えるということは、残念ではあるものの、地域の個別の事情や社会全体の流れなどを鑑みれば、致し方がない側面もある。

各地域には、その土地ごとに、綿々と受け継がれてきた歴史や文化、風土、生業などが存在する。近年では、地域に根差した歴史・文化を再評価し、それらを地域独自の資源として活用しながら、従来の通り一遍のまちづくりではなく、地域の〝身の丈に合った〟まちづくり・地域づくりを進めることが重要であるとの指摘がなされている。このような観点からも、地域の歴史を〝知る〟ことの意義、さらには地域の歴史を〝受け継ぐ〟ということの意味を、今一度、考えてみる必要があるといえよう。

令和三年（二〇二一）には、明治政府の廃藩置県によって、「岡田藩」がその役目を終えてから百五十年の節目を迎えた。「温故知新」という言葉があるように、岡田藩がたどった過去の歴史を知り、先人たちが残した多くの遺産に触れながら、現在、そして未来における地域のあり方を一人ひとりが考えていくことは極めて重要である。「地域の歴史を受け継ぐ」ということは、明日の地域の歴史に、新たな一ページを刻むことでもある。

昨今、国内外の様々な場面において、持続可能な開発目標「ＳＤＧｓ（Sustainable Development Goals）」の推進により、〝持続可能な社会（Sustainable Society）〟を構築していくことの重要性が盛んに叫ばれている。「地域の歴史を受け継ぐ」ということは、我々人類がこれからの〝持続可能な社会〟をつくっていく上での、一つの大きな指針になり得ると信じてやまない。

あとがき

筆者が真備町を初めて訪れたのは、大学三年の初夏の頃だったと記憶している。それ以来、今日に至るまで、地域の皆様をはじめ、多くの方々と交流をさせていただいている。このたび縁あって、本書を執筆する機会をいただき大変嬉しく思っている。

筆者は、学際的な視点から「まちづくり」のあり方を考える〝都市経営〟という学問を専攻してきた。筆者の専門分野は「歴史学」ではない。しかし、「まちづくり」と「歴史学」がまったく無関係かというと、必ずしもそうではないと考えている。今日、各地域の実態に即したまちづくりの重要性が指摘される中、これまで地域が培ってきた固有の「歴史」を理解することは、その大前提であるといっても過言ではない。

とはいえ、最初に執筆の話をいただいた時には、「歴史の専門家ではない自分に書けるだろうか」という不安があった。しかしながら、「本書は、多くの皆さんに郷土の歴史を知っていただき、自身の郷土に誇りと自信を持ってもらうことを目的としている」という出版の趣旨をうかがい、未熟ながらも、執筆を決意した次第である。

また、本文中で何度も触れた通り、真備地域は「平成三十年（二〇一八）七月豪雨（西日本豪雨）」において甚大な被害を受けた。このような「災害」への対策を検討する上でも、過去の歴史を鑑みることは非常に重要である。その一つのきっかけとして、本書を手に取っていただければ、筆者としてこの上ない喜びである。

さて、本書では、多くの方に内容を理解していただけるよう、難しい語句などにはできる限り解説（注釈）を設けた。また、本文中には、可能な範囲で出典を記載し、原典資料を参照できるように配慮した。

本書の執筆にあたり、共著者である、福山市立大学都市経営学部の八幡浩二先生には、多くの面でご指導をいただいた。

また、執筆の過程では、真備町の地域住民の皆様にも多大なるご尽力をいただいた。特に、森脇 敏氏をはじめとする「まび創成の会」の皆様、岡野照美氏ほか「岡田地区まちづくり推進協議会」の皆様、そして、山口 拡氏はじめ「倉敷市真備ふるさと歴史館」の関係者の皆様には、岡田藩に関する貴重な情報や資料をご提供いただいた。さらに、倉敷市役所をはじめ、行政関係者の皆様にも、多方面においてご支援をいただいた。心より感謝申し上げたい。

本書の編集、校正にあたっては、株式会社現代書館の菊地泰博氏、加唐亜紀氏にご支援をいただいた。最後まで真摯にご指導をいただき、ここに厚く御礼申し上げる。

最後に、本書の執筆に際し、ご支援・ご協力をいただいたすべての皆様に、最大限の感謝の意を表し、本書のあとがきとしたい。

令和五年（二〇二三）三月某日

今津　海

参考引用文献――

書籍・論文など

赤木祥彦・貞方 昇「高梁川流域の鉄穴流しによる地形改変と水田開発」『人文地理』第四十巻、第三号、一般社団法人 人文地理学会

足利健亮「吉備地方における古代山陽道・覚え書き（交通の歴史地理）」『歴史地理学紀要』第十六巻、歴史地理学会

石井将幸「国家的大事業とともに：東西用水」『水土の知』第七十七巻、公益社団法人 農業農村工学会。

＊伊東長詥差出『備中岡田伊東家譜』

今津 海「岡山県倉敷市真備町岡田地区における地域愛着意識とその構造」『地域デザイン』第十一巻、一般社団法人 地域デザイン学会

＊大塚武松 編『藩制一覧 上巻』日本史籍協会

大日方克己「吉備真備の遺蹟と歴史意識－近世備中地域を中心に－」『社会文化論集：島根大学法文学部紀要社会文化学科編』第五巻、島根大学法文学部

大森久雄『倉敷伝建地区の歩み』備中倉敷学

＊岡山県 編『備中誌 下道郡』岡山県

＊岡山県吉備郡教育会 編『少年読物吉備史』岡山県吉備郡教育会

岡山県教育委員会 編『幕末維新のおかやま』、『江戸時代の城めぐり ～おかやまの城と陣屋～』、『守ろう地域の宝！民俗芸能 ～備中地域編～』岡山県教育委員会

＊岡山県教育会 編『岡山県教育史 上巻』岡山県教育会

岡山県古代吉備文化財センター 編『攻略！おかやまの中世城館－再発見！ふるさとの山城 岡山県中世城館跡総合調査－二巻、五巻、六巻』古代吉備文化財センター

岡山県史編纂委員会 編『岡山県史 七巻、八巻、九巻、十八巻、二十六巻』岡山県

岡山県の歴史散歩編集委員会 編『岡山県の歴史散歩』山川出版社

小野克正・加藤満宏・中山 薫『真備町（倉敷市）歩けば』日本文教出版

＊吉備群書集成刊行会 編『吉備群書集成 第一巻』吉備群書集成刊行会

木村 礎・藤野 保・村上 直 編『藩史大事典 第六巻－中国・四国編－』雄山閣

葛原克人・古瀬清秀 編『吉備考古ライブラリィ5 吉備の古墳 下－備中・備後－』吉備人出版

倉敷市『倉敷市歴史文化基本構想』倉敷市

倉敷市『倉敷市第二次文化振興基本計画』倉敷市

くらしき地域資源活性化協議会『くらしき地域資源パンフレット―老舗・特産品・魅どころBOOK―』くらしき地域資源活性化協議会

倉敷市史研究会 編『新修倉敷市史 三 近世（上）（下）』倉敷市

倉地克直「明治二年東高梁川洪水と地域社会」『倉敷の歴史』第三十巻、倉敷市

佐藤 信・五味文彦・高埜利彦・鳥海 靖 編『詳説日本史研究』山川出版社

全国歴史教育研究協議会『日本史用語集【改訂版】』山川出版社

高梁川流域今昔写真展実行委員会『高梁川流域今昔写真展』高梁川流域今昔写真展実行委員会

立石智章「備中岡田藩主による領内巡見とその特質－代替りの巡見を中心に－」『倉敷の歴史』第二十六号、倉敷市

永井義男『剣術修行の旅日記 －佐賀藩・葉隠武士の「諸国廻歴日録」を読む－』朝日新聞出版

永山卯三郎 編『吉備郡史 巻中、巻下』岡山県吉備郡教育会

奈良教育大学 文化財コース 編『吉備塚古墳の調査』奈良教育大学

新納 泉・三浦孝章 編『二万大塚古墳』二万大塚古墳発掘調査団

西村睦男「藩領人口と城下町人口」『歴史地理学』第一一一巻、歴史地理学会

畑 和良「真備町域における江戸時代～明治初年の水害治水史」『倉敷の歴史』第三十号、倉敷市

備中岡田苔友会『岡田村史』備中岡田苔友会

藤井 駿『吉備地方史の研究』法蔵館

藤井 学・狩野 久・竹林榮一・倉地克直・前田昌義『岡山県の歴史【第二版】』山川出版社

真備町史編纂委員会『真備町史』真備町

光永真一『吉備考古ライブラリィ10 たたら製鉄』吉備人出版

湊 哲夫・亀田修一『吉備考古ライブラリィ13 吉備の古代寺院』吉備人出版

宮田俊彦『吉備真備』吉川弘文館

文部省 編『日本教育史資料 九巻』文部省

山鹿高興『武家事紀 上巻』山鹿素行先生全集刊行会

山本晴彦・那須万理・川元絵里佳・渡邉祐香・坂本京子・岩谷 潔「二〇一八年七月豪雨により倉敷市真備町で発生した洪水災害の特徴と土地利用の変遷」『自然災害科学』第三十八巻、第二号、日本自然災害学会

山本太郎『倉敷の大水害と助け合い』平成二十八年度歴史資料講座資料、倉敷市総務課歴史資料整備室

渡邉隆男「源福寺に葬られた岡田藩主伊東家の人々」『高梁川流域連盟 機関紙「高梁川」』第六十七号、高梁川流域連盟。「岡田藩における明治維新」『高梁川流域連盟 機関紙「高梁川」』第七十号、高梁川流域連盟。「記録に残る岡田藩主伊東氏十代」『高梁川流域連盟 機関紙「高梁川」』第七十二号、高梁川流域連盟

和田 実『享保十四年、象、江戸へゆく』岩田書店

※なお、＊を記載している文献は、「国立国会図書館デジタルコレクション」上で閲覧している。

インターネット資料

『高梁市ホームページ』

『倉敷市ホームページ』

『総社市ホームページ』

『岡山県古代吉備文化財センターホームページ おかやまの中世争乱史』

『TBSホームページ―水戸黄門大学―』

『国立歴史民俗博物館 旧高旧領取調帳データベース』

『人文学オープンデータ共同利用センター 新日本古典 籍総合データベース―寛政武鑑―』

『文部科学省ホームページ―学制百年史 幕末期の教育―』

『国際連合広報センターホームページ―国境なき水―』、国際連合広報センター（UNIC）

『矢掛町公式ホームページ』

『文化遺産オンライン』、文化庁

今津　海（いまず・かい）
一九九四年、島根県生まれ。福山市立大学大学院都市経営学研究科修士課程修了。修士（都市経営学）。まちづくり研究家。大学院修了後、民間企業において、総合計画をはじめとする行政計画の策定や、地域活動支援などの業務に従事。

八幡浩二（やはた・こうじ）
一九七五年、広島県生まれ。広島大学大学院文学研究科博士課程後期修了。博士（文学）。現在、福山市立大学都市経営学部教授。
（〝遅まきの賢人〟古川古松軒、たたら製鉄の功と罪、古代下道氏と箭田大塚古墳、「二万大塚古墳」と邇磨郷の伝承、両備（備中と備後）の田園地帯を走る「井原鉄道」、倉敷市真備ふるさと歴史館）を執筆。著書『シリーズ藩物語 福山藩』（現代書館）。

シリーズ藩《はん》物語《ものがたり》 **岡田藩《おかだはん》**

二〇二三年四月三十日 第一版第一刷発行

著者——今津　海、八幡浩二
発行者——菊地泰博
発行所——株式会社 現代書館
東京都千代田区飯田橋三―二―五 郵便番号 102―0072 http://www.gendaishokan.co.jp/
電話 03―3221―1321 FAX 03―3262―5906 振替 00120―3―83725
組版——デザイン・編集室 エディット
装丁・基本デザイン——伊藤滋章（基本デザイン・中山銀士）
印刷——平河工業社（本文）東光印刷所（カバー・表紙・見返し・帯）
製本——鶴亀製本
編集——加唐亜紀
編集協力——黒澤　務
校正協力——高梨恵一

 ISBN978-4-7684-7163-0

江戸末期の各藩

松前、**八戸**、七戸、黒石、**弘前**、**盛岡**、**一関**、**秋田**、亀田、本荘、秋田新田、仙台、松山、**新庄**、**庄内**、天童、長瀞、**山形**、上山、**米沢**、米沢新田、相馬、福島、**二本松**、**三春**、**会津**、**守山**、棚倉、平、湯長谷、泉、**村上**、黒川、三日市、**新発田**、村松、三根山、与板、**長岡**、椎谷、**高田**、糸魚川、松岡、笠間、宍戸、**水戸**、下館、結城、**古河**、下妻、府中、土浦、麻生、谷田部、牛久、大田原、黒羽、烏山、喜連川、**宇都宮・高徳**、**壬生**、吹上、**足利**、佐野、関宿、高岡、佐倉、小見川、多古、一宮、**生実**、鶴牧、久留里、大多喜、請西、飯野、佐貫、勝山、館山、岩槻、忍、岡部、**川越**、沼田、前橋、**伊勢崎**、館林、高崎、吉井、小幡、安中、七日市、飯山、須坂、**松代**、**上田**、**小諸**、岩村田、田野口、**松本**、諏訪、**高遠**、飯田、金沢、荻野山中、**小田原**、**沼津**、小島、田中、掛川、**相良**、横須賀、浜松、富山、加賀、**大聖寺**、郡上、高富、苗木、岩村、加納、大垣、高須、今尾、犬山、挙母、**岡崎**、西大平、西尾、**三河吉田**、**田原**、大垣新田、尾張、**刈谷**、西端、長島、**桑名**、神戸、菰野、亀山、津、久居、鳥羽、宮川、彦根、大溝、山上、西大路、三上、膳所、水口、丸岡、勝山、大野、**福井**、鯖江、**敦賀**、小浜、**淀**、新宮、田辺、紀州、峯山、宮津、田辺、綾部、山家、園部、亀山、福知山、柳生、柳本、芝村、郡山、小泉、櫛羅、高取、高槻、麻田、丹南、狭山、岸和田、伯太、豊岡、出石、柏原、篠山、尼崎、三田、三草、明石、小野、姫路、林田、安志、龍野、山崎、三日月、赤穂、鳥取、若桜、鹿野、**津山**、勝山、新見、岡山、庭瀬、足守、**岡田**、岡山新田、浅尾、備中松山、**鴨方**、**福山**、**広島**、広島新田、高松、丸亀、多度津、西条、小松、今治、松山、**大洲・新谷**、**伊予吉田**、**宇和島**、徳島、**土佐**、土佐新田、**松江**、広瀬、母里、浜田、津和野、岩国、徳山、長州、長府、清末、小倉、小倉新田、**福岡**、**秋月**、**久留米**、柳河、**三池**、蓮池、唐津、**佐賀**、**小城**、鹿島、大村、島原、平戸、平戸新田、**中津**、杵築、日出、**府内**、臼杵、**佐伯**、森、**岡**、熊本、熊本新田、宇土、人吉、延岡、高鍋、佐土原、飫肥、薩摩、対馬、五島（各藩名は版籍奉還時を基準とし、藩主家名ではなく、地名で統一した）　★太字は既刊

シリーズ藩物語・別巻『白河藩』（植村美洋著、一六〇〇円＋税）

シリーズ藩物語・別冊『それぞれの戊辰戦争』（佐藤竜一著、一六〇〇円＋税）

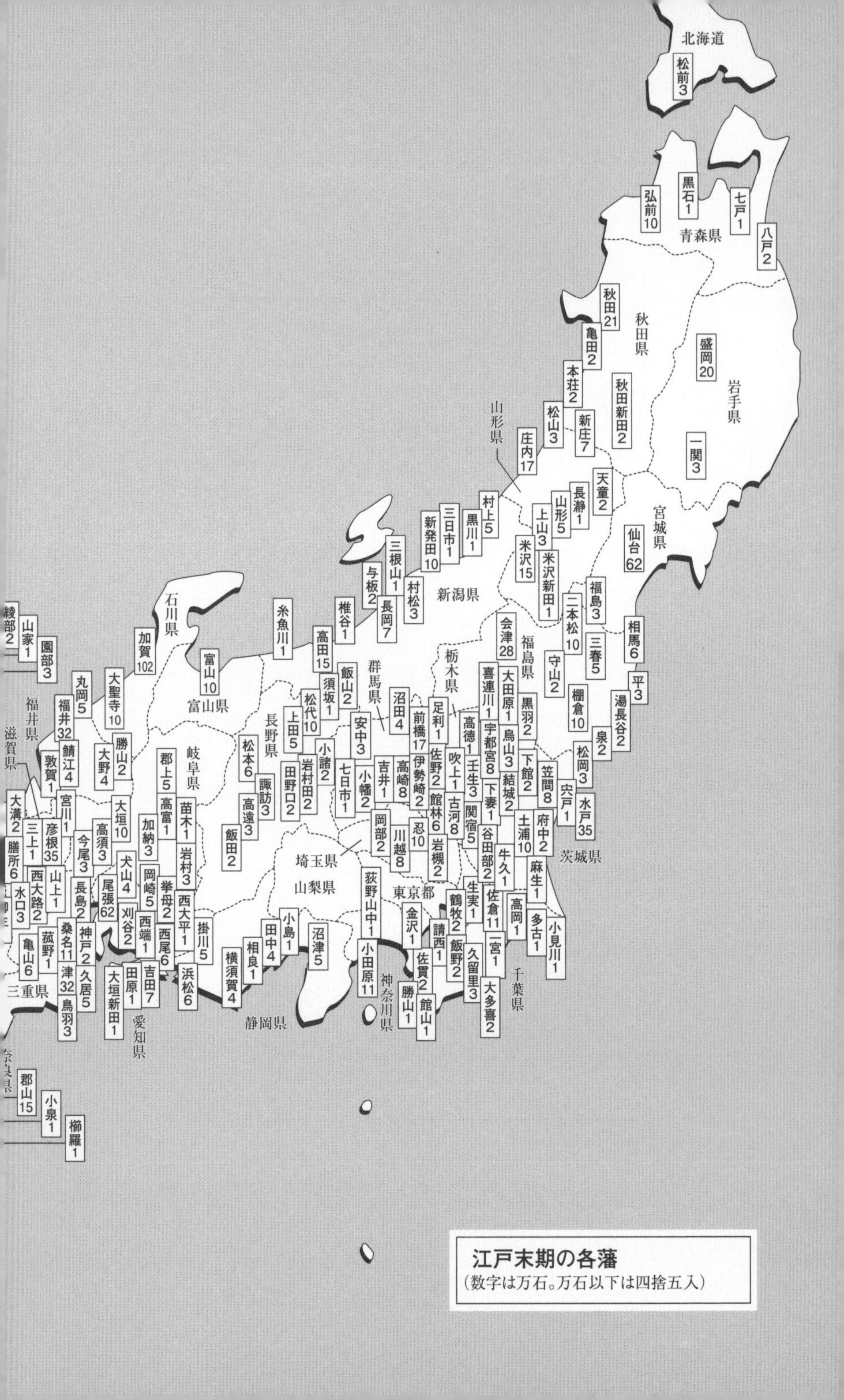

江戸末期の各藩
（数字は万石。万石以下は四捨五入）